Der kleine Band möchte Eltern eine erste Hilfe sein bei der Auswahl typischer ostfriesischer Vornamen.

Das Namensverzeichnis umfaßt ungefähr 2000 Vornamen.

Eine kleine Auswahl empfehlenswerter, teils umfangreicher Schriften zur ostfriesischen und deutschen Namenkunde ist im Literaturverzeichnis aufgeführt. Diese Titel sind jedoch teilweise nicht mehr im Handel erhältlich.

Die umfassende Zusammenstellung »Vornamen im Volksmund«, mit fast 600 Liedern, Reimen, Redensarten und Sprichwörtern, mag für manchen eine Entdeckung oder auch eine willkommene Zugabe bedeuten.

Theo Schuster (Hrsg.)

Jan un Greetje

OSTFRIESISCHE VORNAMEN

Verlag SCHUSTER Leer

ISBN 3-7963-0325-0
2. Auflage 1995
© 1995 by Verlag Schuster D 26789 Leer
Umschlaggestaltung: A. Langwisch
Schrift: 10/12 Punkt Times
Gesamtherstellung: Hans Kock, Buch- und Offsetdruck GmbH,
33619 Bielefeld
Printed in Germany

Inhalt

Zur Namengebung

Die Zahl der Vornamen, die Eltern ihren Kindern geben können, ist nicht begrenzt.

Im praktischen Gebrauch treten aber schon drei Vornamen nur selten zugleich auf. Familienüberlieferung, Rücksicht auf Paten und Verwandte können die Zahl der Vornamen eines Menschen beeinflussen, auch wenn in den meisten Fällen später nur sein Rufname bekannt ist.

Notwendig jedoch wird ein zweiter Name dann, wenn das Kind einen Namen erhalten soll, der sein Geschlecht nicht deutlich erkennen läßt.

So werden auch (ost)friesische Namen, wie z.B. Eve, Heike oder Kai, die sowohl Männer- als auch Frauennamen sein können, vom Standesamt nur zugelassen, wenn ein zweiter Name hinzugefügt wird, aus dem das Geschlecht deutlich wird.

Nicht zulässig ist es, Jungen einen eindeutigen Mädchennamen zu geben und umgekehrt. Hier gilt nur eine Ausnahme: Als zweiter Vorname ist Maria für Jungen erlaubt, weil hier ein überlieferter katholischer Namensbrauch vorliegt.

Für die Schreibung der Vornamen gelten im allgemeinen die heutigen Rechtschreibregeln, wie sie der Duden verzeichnet. Gewisse Abweichungen von den üblichen Schreibweisen sind aber zulässig, sie ergeben sich häufig aus der historischen Entwicklung unseres Namenkataloges.

Soweit die Eltern keinen besonderen Wunsch äußern, trägt der Standesbeamte den oder die Vornamen des Neugeborenen in der üblichen Rechtschreibung ein und legt sie damit amtlich fest.

Ostfriesland bildet auch heute noch eine geschlossene Namenlandschaft mit eigenem Charakter, in der sich seit Jahrhunderten selbständige Vornamen in häufig typischen Kurzformen erhalten haben.

Wie überall ist aber natürlich auch hierzulande ein Trend zu aktuellen Modenamen festzustellen, deren Vorbilder z.B. in der Literatur, im Fernsehen oder im Sport zu finden sind.

Auf der anderen Seite haben in den letzten Jahren niederdeutsche und (ost)friesische Namen über ihr enges Verbreitungsgebiet hinaus in Mittel- und Süddeutschland Eingang gefunden, da sie wohl einer aktuellen Tendenz zu klaren, unsentimentalen Formen besonders entsprechen.

Familiennamen dürfen als Vornamen nicht benutzt werden. Nur Ostfriesland macht hier eine Ausnahme: Die hier seit altersher gebräuchlichen Zwischennamen werden vom Standesamt anerkannt.

Feste Familiennamen wurden in Ostfriesland erst durch ein kaiserlich-französisches Dekret vom 18. August 1811 eingeführt. Bis dahin war in Ostfriesland die »patronymische« Namengebung üblich, d.h. dem Rufnamen des Kindes wurde der Rufname des Vaters im Genitiv hinzugefügt. Hieß der Vater z.B. mit Rufnamen Gerd, so erhielten alle Kinder den Zunamen Gerds, z.B.: Jan Gerds, Geeske Gerds usw.. Die Kinder des Jan Gerds erhielten den Zunamen Janßen, z.B. Gerd Janßen, Trientje Janßen usw..

Diese Sitte der patronymischen Namengebung wurde nach Einführung der festen Familiennamen häufig beibehalten. Bekam der Vater Gerd Harms den Familiennamen Kruse, so nannte er seine Kinder z.B. Tjark Gerds Kruse oder Greetje Gerds Kruse.

Es gab aber noch eine andere alte Sitte. Wollte man eine Person der Familie, z.B. den mütterlichen Großvater des Kindes besonders ehren, so gab man dem Kinde den vollen Namen dieser Person. Beispiel:

Der Schwiegervater des Tjark Gerds Kruse heißt Behrend Heiken. Der Name des Kindes ist dann: Behrend Heiken Kruse oder, wenn auch die patronymische Form angewendet werden soll: Behrend Heiken Tjarks Kruse.

Beide Formen der ostfriesischen Zwischennamen sind zur Eintragung beim Standesamt zugelassen.

Nicht unerwähnt sollte bleiben, daß diese Art der Namengebung für Genealogen beträchtliche Schwierigkeiten bringt.

Beispiele:

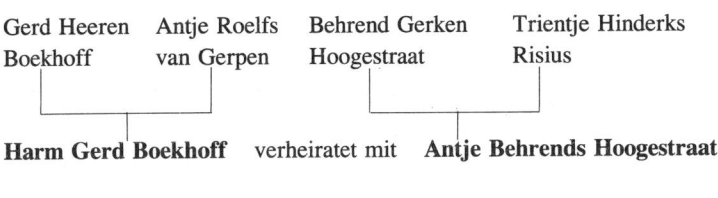

Gerd Heeren   Antje Roelfs   Behrend Gerken   Trientje Hinderks
Boekhoff   van Gerpen   Hoogestraat   Risius

Harm Gerd Boekhoff verheiratet mit **Antje Behrends Hoogestraat**

Folgende Namenformen für die Kinder dieses Ehepaares sind möglich:

Söhne: Töchter:

1. ostfriesische Vornamen in beliebiger Anzahl:
Enno Behrend Boekhoff   Trientje Antje Boekhoff

2. patronymische Namensform:
Jan Harms Boekhoff   Elske Harms Boekhoff

3. markante Sippennamen:
Behrend Gerken Boekhoff   Antje Roelfs Boekhoff
(nach dem mütterl. Großvater)   (nach der väterl. Großmutter)

4. beliebige Verbindungen von 1, 2 und 3:
Gerd Focko Hinderks Harms Boekhoff / Afke Antje Roelfs Boekhoff

(Beispiele aus: Gebt gute ostfriesische Vornamen)

Männliche Vornamen

Aalf, Alf
Aalt, Alt
Aamse, Amse
Abbe, Abbo
Abke, Abko
Adde, Addo
Addik
Ade, Ado
Adel
Adolar
Agge, Aggo
Ahlrich
Aike, Aiko
Ailert
Ailke, Ailko
Ailt
Aimo
Aino
Aise, Aiso
Aisse, Aisso
Ait
Aje, Ajo
Ajeld, Ajold
Akke, Akko
Alard
Albert
Alderk
Aldrik
Alerk
Alert

Alfing
Alfke
Alger
Aljet
Alke, Alko
Alle, Allo
Alrich
Alwin
Ameling
Amelung
Amke, Amko
Amme, Ammo
Anno
Apke, Apko
Apt
Arend
Arnulf
Ate, Ato
Aut
Auwe, Auwo
Awe, Awo

Baje, Bajo
Baldo
Balse
Balster
Barrelt
Bartelt
Bauke, Bauko
Bauwe, Bauwo

Bebbo
Beene, Beeno
Beenke
Beewe
Beiko
Bene, Beno
Benlef
Benne, Benno
Bense
Bent
Berend
Berno
Bernold
Bertram
Bette, Betto
Bode, Bodo
Bohle, Bole
Bohlke, Bolke
Boike
Boje, Bojo
Bojung
Bolard
Boldewin
Bonne, Bonno
Bontje
Borchert
Börchert
Boote, Booto
Bote, Boto
Brechter

10

Broder

Broer

Bronger

Bront

Brune

Brunger

Brunke

Bune, Buno

Bunne, Bunno

Busso

Christoffer

Cirk

Siehe auch unter K!

Dagerat

Dagobert

Dajo

Dako

Dauwe

Debelt

Dedde, Deddo

Deeke, Deke

Derk

Detert

Detlef

Detmer

Didde, Diddo

Diderk

Dieke, Dieko

Dierich

Dierk

Dietert

Dietje

Dike

✂Dirk

Ditmer

Djure

Djurke, Djurko

Dode, Dodo

Douwe

Drees

Dudo

Duke

Ebbe, Ebbo

Ebbel

Ebbert

Ebe, Ebo

Ebel

Ebeling

Ebhard

Ecke, Ecko

Edde, Eddo

Ede, Edo

Edlef

Edwin

Edzard

Edze

Eeke, Eeko

Eelke, Eelko

Eelt

Eerke, Eerko

Eert

Eeske

Egbert

Egge, Eggo

Eggerich

Eggerke

Eggert

Ehme

Ehmke

Ehnt

Ehrhard

Eibe, Eibo

Eide

Eike, Eiko

Eildert

Eiler

Eilert

Eilhard

Eilke, Eilko

Eilrich

Eilt, Eielt

Eime, Eimo

Eimt

Einert

Einolf

Eint

Eise, Eiso

Eisse, Eisso

Eit

Eke, Eko

Ekke, Ekko

Elbert

Elert

Elfred

Elke, Elko

Elle, Ello

Elmar

Elmer

Elmo

Else, Elso

Elte, Elto

Elwin

11

Embert
Eme, Emo
Emke, Emko
Emme, Emmo
Engbert
Engel
Engelbart
Engelbert
Engelhard
Engelke
Enke, Enko
Enne, Enno
Ent, Ento
Epke, Epko
Eppe, Eppo
Erdwin
Erke, Erko
Esdert
Eske
Esse, Esso
Euke
Eve, Evo
Evert
Everwin
Eward
Ewe, Ewo
Ewert
Ewold

Fedde, Feddo
Feeke, Feeko
Feie, Feio
Feike, Feiko
Feke, Feko
Femme, Femmo

Feuko
Fewe, Fewo
Fiepke, Fiepko
Fimme, Fimmo
Focke, Focko
Fokke, Fokko
Folf, Folef
Folkert
Folkmer
Folke, Folko
Folpt
Folrat
Folrich
Fomme, Fommo
Fooke
Franke
Free
Freerk
Fremer
Frerich
Frerk
Friede, Friedo
Frieling, Friling
Friese
Friesemann
Frieso, Friso
Fulf
Fulke, Fulko
Siehe auch unter V!

Gaalt, Galt
Gadolf
Gaike, Gaiko
Garbert
Garbrand

Garlef
Garlich
Garmer
Garrelf
Garrelt
Gebko
Gede, Gedo
Geede, Geedo
Geelke, Geelko
Geelt, Gelt
Geerd
Geert
Geike, Geiko
Gelke, Gelko
Gelmer
Gepke, Gepko
Gerald
Gerbrand
Gerd
Gerjet
Gerke, Gerko
Gerlof
Gernand
Gerold
Gerrelt
Gerriet, Gerrit
Geuke, Geuko
Giesbert
Giese
Gisbert
Giso
Goddert
Göke, Göko
Gomann
Gommel

12

Gosse	Hauwe, Hauwo	Hiele, Hielo
Gossel	Hebe, Hebo	Hieme, Hiemo
Gosselke	Hedde, Heddo	Hiemke
Gowert	Hedlef	Hikke, Hikko
Graalf, Gralf	Heemke	Hilbert
Grelf	Heepke	Hile, Hilo
Groen	Heere, Heero	Hildebrand
	Heie, Heio	Hilderich
Haake, Hake	Heike, Heiko	Hildert
Haalke	Heilko	Hilfert
Haaske	Heimbert	Hilke, Hilko
Haat	Heimerich	Hille
Haate, Haato	Heinke, Heinko	Hillern
Habbe, Habbo	Heino	Hillert
Habbert	Heinold	Hilmer
Hadlef	Heise, Heiso	Hilrich
Hage, Hago	Heit	Hinderk
Haike, Haiko	Helmer	Hinrich
Haing	Hemke, Hemko	Hippe, Hippo
Haje, Hajo	Hemme, Hemmo	Hiske, Hisko
Hajung	Hempe	Hoote, Hooto
Halle, Hallo	Hendrik	Hopke, Hopko
Hamme, Hammo	Henge, Hengo	Hoppe, Hoppo
Hange, Hango	Hensche	Hote, Hoto
Hanke, Hanko	Hepke, Hepko	Hummo
Harbert	Here, Hero	
Hare, Haro	Herke, Herko	Ibbe, Ibbo
Harke, Harko	Herre, Herro	Ibbel
Harm	Hessel	Ibe, Ibo
Harmen	Hibbe, Hibbo	Ibel
Harre, Harro	Hibe, Hibo	Ibeling
Haske, Hasko	Hicke, Hicko	Icke, Icko
Hasso	Hidde, Hiddo	Idbert
Hate, Hato	Hiddik	Idde, Iddo
Haue, Hauo	Hiebo	Iddelt

13

Ide, Ido	Jebbe, Jebbo	Lambert
Igge, Iggo	Jelde, Jeldo	Lammert
Iggerich	Jelderk	Lamke
Iggert	Jeldert	Lampe
Ihmel	Jelke	Lauwe
Ihne, Ihno	Jelle	Leenert
Ihnke	Jelrich	Leevke
Ike, Iko	Jelsche	Leewe
Imel	Jelske	Leffert
Imke, Imko	Jelso	Lenert
Imme, Immo	Jelte, Jelto	Lenhard
Ine, Ino	Jibbe, Jibbo	Levke
Ingolf	Jilde	Liebke
Inke, Inko	Joke	Loert
Inne, Inno	Joost	Lolke
Ino	Jülf	Loort
Inse, Inso	Jürgen	Loot
Ippe, Ippo	Jürke, Jürko	Ludger
Isbrand	Jürn, Jürren	Ludo
Isebrand		Lübbe, Lübbo
Isko	Kampe, Kampo	Lübbert
Ite	Karel	Lübke, Lübko
Itze	Karsjen	Lüder
Ive, Ivo	Karsten	Lühr
Iwe, Iwo	Kasjen	Lüke, Lüko
Iwerk	Kasper	Lükke, Lükko
	Kassen	Lülf
Jabbe, Jabbo	Keno	Lümke, Lümko
Jabbert	Klaas	Lüpke, Lüpko
Jabe, Jabo	Kone, Kono	Lüppe, Lüppo
Jabert	Konke, Konko	Lür
Jaje	Koob, Kob	Lürt
Jan	Koord, Kord	Lütje
Jasper	Krine, Krino	Lütjen
Jauke	*Siehe auch unter C!*	Lütmer

14

Lutjer	Mielf, Milf	Onke, Onko
Luto	Mimke, Mimko	Onne, Onno
	Minger	Ontje
Madolf	Minjet	Ontke, Ontko
Mamme, Mammo	Minold	Ortgies, Ortgiese
Manne, Manno	Monne, Monno	Osebrand
Marten	Montje	Oswald
Meelf		Ötje
Meene, Meeno	Nanje	Otte
Meenhard	Nanke, Nanko	Ottje
Meent	Nanne, Nanno	
Mehme	Neele, Neelo	Päbe
Meiel	Nittert	Pebe, Pebo
Meindert, Meinert	Nome, Nomo	Pibe, Pibo
Meine, Meino	Nomme, Nommo	Popke
Meinhard	Nonne, Nonno	Poppe, Poppo
Meinolf		Popt
Meint	Obbe, Obbo	Pupt
Melcher	Ocke, Ocko	
Melf	Ode, Odo	Radolf
Melle, Mello	Öje	Ralf
Meme	Ölrich	Ratje
Memmert	Okke, Okko	Ratke
Memke, Memko	Okkel	Redmer
Memmo	Olbert	Redelf
Mene, Meno	Olchert	Redolf
Menke, Menko	Oldig	Reelf
Menne, Menno	Ole	Reemt
Mense, Menso	Olerk	Reent
Ment	Olferd	Reimer
Meppe, Meppo	Oling	Reimo
Mering	Ollig	Reinder
Merten	Oltmann	Reindert
Mette, Metto	Omke, Omko	Reine, Reino
Michel	Omme, Ommo	Reiner

15

Reinert	Rötger	Siebold, Siebolt
Reinke, Reinko	Rolef	Siebrand, Sibrand
Reino	Rolf	Siebt
Reint	Roolf	Siede
Remmer	Rürt	Siefke, Siefko
Remmert	Rumke, Rumko	Sieger
Remmo	Rummert	Sieme, Siemo
Renger	Ruthard	Siemen
Renke, Renko		Siepke, Siepko
Rennelt	Sander	Siept
Reno	Schelte, Schelto	Sierk
Rense, Renso	Schwedder	Sievert
Rewert	Schweer	Sikke, Sikko
Ribke, Riebke	Schwidde,	Sipke, Sipko
Richt	Schwiddo	Sjurt
Riemt	Schwieto	Sjut
Rigulf	Schwitert	Snelger
Rikard	Schwittert	Soke, Soko
Rike, Riko	Sebe, Sebo	Sooke, Sooko
Rikke, Rikko	Sede, Seede	Staas
Rikkelt	Seedo	Steffen
Riklef	Seeke, Seeko	Stielf, Stilf
Riko	Seert	Stoffer
Rimko	Seide, Seido	Sunke, Sunko
Rimt	Sent	Suntke, Suntko
Rindert	Sibbe, Sibbo	Süntke
Rinje	Siebe, Siebo	Süster
Rinne	Siebel	Sweer
Rino	Siebelt	Swidde, Swiddo
Ripke, Riepke	Sieben	Switert
Rippe	Siebend	Swittert
Rode	Sieber	
Röbe	Siebern	Taake, Taako
Röbke	Siebert	Tabbe, Tabbo
Röpke	Siebke	Tabbert

Tabe, Tabo
Tadde
Taddik
Tade, Tado
Take, Tako
Talke, Talko
X Tamme, Tammo
X Tanne, Tanno
Tapke
Tate
Tebbe, Tebbo
Tedde, Teddo
Teelko
Teiko
Teile
Temme, Temmo
Tepke
Thede, Thee,
   Thedo
✻ Thees
Thielmann
Thole
Tiard
Tiark
Tibe, Tibo
Tidde, Tiddo
Tide, Tido
Tiderik
Tielke, Tielko
Tiemen
Tilmann
⋏ Tilo
Timo
Tjaard
Tjabbe, Tjabbo

Tjabbend
Tjabbert
Tjabe, Tjabo
Tjabern
Tjadde, Tjaddo
Tjade, Tjado
Tjadlef
Tjake, Tjako
Tjard
⋋ Tjark
Tjebbe, Tjebbo
Tjebke, Tjebko
Tjede, Tjedo
Tjedmer
Tjeerd
Tobe
Töbke
Tönjes
Töpke
Tomke, Tomko
Tommo
Tonno

Ubbe, Ubbo
Ube, Ubo
Ubt
Ude, Udo
Ufe, Ufo
Uffe, Uffo
Ufke, Ufko
Uje
Uke, Uko
Ulbert
Ulbt, Ulpt
Ulerk

Ulf
Ulfert
Ulrich
Umme, Ummo
Uniko
Unne, Unno
Untje
Upke
Uptet
Utje
Uve, Uvo
Uwe, Uwo

Vocke
Vooke
Vollrat
Vollrich
Siehe auch unter F!

Waalke
Wallrich
Walse
Warnder
Warner
Warnke
Warntje
Wate
Wattje
Watze
Webbe, Webbo
Weeke, Weeko
Weert
Weie
Weiard
Weke, Weko

17

Wemko	Wietje	Wirk
Wemme, Wemmo	Wietold	Wirtje
Wempe	Wigbold	Wobbe, Wobbo
Wenke, Wenko	Wigger	Wolbert
Wenno	Wiggo	Wolter
Wessel	Wigmann	Woltje
Wiard	Wiko	Wübbe, Wübbo
Wibbe, Wibbo	Wilbrand	Wübke
Wibold	Wilke, Wilko	Wümke, Wümko
Wibrand	Wille	Wulf
Wichert	Wilm, Willm	Wulfert
Wiebt	Willem	Wult
Wielf	Wilrich	Wumke
Wiemke	Wilt	Wychmann
Wienke	Wilter	Wyert
Wientje	Wiltert	
Wierk	Winand	Yskert
Wiet	Wipke	

Weibliche Vornamen

Aafke
Aagte
Aalfke
Aaltje
Ada
Adda
Adela
Adelgunda
Afke
Afriede
Agga
Agte
Aika
Ailda
Aiske
Aita
Aja, Aje
Ajeld
Ajolda
Akka
Alarda
Albertje
Alegund
Aleida, Aleide
Alfke
Algeta
Algonda
Algriet
Algunda, Algunde
Alida, Alide

Aljet
Alke
Alla
Alma
Almke
Almt
Almut
Alrike
Alste
Altje
Altrud
Amke
Anje
Anka, Anke
Antina
Antje
Antke
Ardine
Arendje
Armgard
Arna
Assa, Asse
Assel
Atje
Aue
Auke
Auwa

Baafke
Balda

Barber
Bartje
Bauke
Beeke
Beelke
Beena
Beeta
Beka, Beke
Bena
Benna
Berendje
Berna
Berntje
Betje
Betta
Bilda
Blida
Bonna
Bothilde
Bouwke
Brechta
Brechtje
Brieta
Bruna
Bruntje
Burga

Cirka
Siehe auch unter K!

19

Daaje
Daja, Daje
Dawine
Debeltje
Dedda
Derka
Derkje
Detje
Detta
Dewer
Didda
Diederika
Diegrit
Dieka
Dierka
Diertje
Dieta
Dietgard
Diethilde
Diewer
Dirka
Dirkje
Ditta
Djura
Djurke
Doda
Dodje
Doortje

Ebba, Ebbe
Ebbelke
Ebelke
Eberich
Ebke
Eda

Edda
Eefke
Eeka, Eeke
Eelka, Eelke
Eeltje
Eeske
Eetje
Egberta
Egga
Eggerika
Ehe
Eiba
Eida
Eika, Eike
Eilberta
Eilke
Eilste
Eiltje
Eimda, Eimde
Eintje
Eisa, Eise
Eische
Eiske
Eite
Eitie
Eka, Eke
Ekka
Elberich
Elborg
Elgard
Elje
Elka, Elke
Elma
Elmerich
Elsa, Else

Elsche
Elske
Eltje
Emka, Emke
Engel
Engela
Engelbarta
Engelbertje
Enje
Enka, Enke
Enna
Entje
Entke
Epke
Eppa
Erka
Ese
Eska, Eske
Essa, Esse
Eta
Etje, Ettje
Etta
Ettilde
Ettine
Evertje
Ewke
Eva, Eve
Evelste

Fale
Feeka, Feeke
Feike
Feke
Fenka, Fenke
Fenna

Fentje, Fentke	Garberich	Gilta
Feuka, Feuke	Garbetta	Gisa
Focke	Garmine	Giselinde
Fockje	Geba	Godula
Foelke	Gebba	Golke
Fokka, Fokke	Gebke	Gonda
Folda	Gedrut	Goolke
Folinde	Geda, Geeda	⤬ Greetje
Folka, Folke	Geela	Greta, Grete
Folkmod	Geelke	⤳ Gretje
Folma, Folme	Geeltje	Gretke
Folmet	Geerta	Griet
Folmke	Geertje	Grietje
Folmt	Geesa, Geese	Gunda
Folmtje	Geesche	Gundje
Folste	Geeske	Gundula
Foltje	Geika, Geike	
Fomma, Fomme	Gela	Haalke
Foolke	Gelke	Haaske
Foske	Gepke	Habba
Fossa	Gerda	Habbertje
Fraua, Fraue	Gerdje	Haika
Frauke	Gerharda	Harbertje
Frauwa	Gerheide	Harda
Freerka	Gerhilde	Harma
Freerkje	Gerreltje	Harmanna
Frerike	Gerta	Harmke
Frouwa	Gertruid	Hasela
Fulke	Gertruida	Haske
Siehe auch unter V!	Gesa, Gese	Hauke
	Gesche	Heba, Hebe
Gaalke	Gesine	Heberich
Gaike	Geske	Hebke
Galke	Gieslinde	Hedda
Galtje	Giessel	Heebke

Heidrun
Heika, Heike
Heilka, Heilke
Heilwine
Heinke
Helma
Helmke
Hemke
Hemma
Hempe
Henderika,
 Hendrika
Henrika, Henrike
Hepka, Hepke
Herma
Hetta
Heva
Hiba, Hieba
Hielta
Hieltje
Hiema
Hiemka, Hiemke
Hiesa
Hiewa
Hikka, Hikke
Hilbertje
Hilda
Hildja
Hilfertje
Hilgriet
Hilgunda
Hilka, Hilke
Hilla, Hille
Hillegunde
Hilma

Hilrike
Hiltrud
Hima
Himke
Hinderika
Hindertje
Hinka
Hinrika, Hinrike
Hisa
Hiska, Hiske
Hissa, Hisse

Iba
Ida, Ide
Idje
Icke
Igga
Ihna
Ihntje
Ika, Ike
Ikka
Ilsa
Ilske
Imka, Imke
Imma
Ina
Inga
Inka
Insa, Inse
Ippe
Isa
Isberich
Ita
Itilde
Itje

Jaapke
Jabe
Jabje
Jaika, Jaike
Janna
Jantje
Jeelka
Jeike
Jelda, Jelde
Jelsa
Jelsche
Jelske
Jelste
Jelta
Jürke
Jurke

Kaatje
Kenna
Klaarke
Klaaske
Koba
Kone
Konka
Kooba
Künke
Künna
Küntje
Küntke
Kuna
Kunhilde
Kunna
Siehe auch unter C!

22

Lamberta	⋌ Marita	Mutina
Lamke, Lamka	⋌ Marje	Mutje
Lamma	Martje	
Lampke	Meemke	Nanda
Lauke	Meena	Nanke
Leentje	Meenje	Nanna
Liebe	Meenke	⋌ Nantje, Nantke
⋌ Liebke	Meenste	Neela
Lientje	Meeske	Neelke
Lieske	Meika, Meike	Neertje
Linda	Meina	Neesa, Neese
Loberich	Meinerda	Neeske
Lübba	Meinhild, Mein-	Neetje
Lübberta	hilde	Nienke
Lübbertje	Meinste	Nomda, Nomde
Lübke	Meiste	Nomke
Lücke	Memke	Nomma
Lückje	Mena	Nonna
Lüka	Menka, Menke	
Lükka, Lükke	Menna	
Lümka, Lümke	Menste	
Lümpke	Mentje	Obba
Lüpke	Meta	Oda
Lürika	Metta, Mette	Ocka, Ocke
Lüta	Mettje	Ockeltje
	Mientje	Ocktje
Magriet	Mimka, Mimke	Okka, Okke
Maika, Maike	Mina	Okkje
⋌ Malinde	Minste	Onka, Onke
Malwine	Moder	Onna
Manna	Moderke	Orthilde
Mareka, Mareke	Mootje	Ortrud
⋌ Margitta	Motilde	Ota
Margrit	Motje	Otilde
Marike	Mutilde	Ottilde

23

Peta	Richtje	Seeda
Peterke	Rickeltje	Seeka, Seeke
Petje	Rickertje	Seetje
Popke	Rickste	Seida, Seide
	Rieka, Rieke	Seka, Seke
Ralfke	Riemde	Sibba
Reemda	Riemke	Siberich
Reemde	Rienelt	Siberta
Reena	Rienste	Sieba
Reenke	Rika	Siebeltje
Reenste	Rikste	Siebentje
Reentje	Rima	Siebertje
Reima	Rina	Siefka, Siefke
Reimerich	Rinelde	Siegunde
Reina, Reine	Rinna, Rinne	Siementje
Reinerich	Rinnelt	Siemke
Reinka	Rinolda, Rinolde	Siemtje
Reinske	Rinste	Sietje
Reinste	Rinwe	Siever
Rema	Ripke	Siewer
Remda	Rixte	Siewertje
Remka, Remke	Roberta	Sikka
Remma	Rolfke	Sippe
Remmertje	Romberta	Sobarta
Remtje	Roolfke	Soberich
Rena	Ruthild	Sobine
Renka, Renke		Sonelda
Rennerich		Sonka
Rensa	Samke	Sontka
Rensche	Sanna	Stientje
Renske	Sarke	Süster
Renste	Schwaantje	Sunhild
Rewertje	Seberich	Sunka
Richmod	Seberta	Suntka
Richmunda	Seeba	Swaantje

24

Taale	Tjaberich	Ulfertje
Tabbertje	Tjaberta	Umma
Tadine	Tjabine	Unetta
Taika	Tjabke	Upke
Take	Tjada, Tjade	Utta
Tale	Tjadda	
Taline	Tjadduwe	Veeke
Talka, Talke	Tjader	Venna
Talle	Tjadine	Volka, Volke
Tamke	Tjaduwe	Volma
Tamma	Tjake	Volmtje
Tanke	Tjakke	Voltje
Tardine	Tjalda, Tjalde	Voolke
Tätje	Tjarda, Tjarde	Voske
Tatje	Tjebba, Tjebbe	*Siehe auch unter F!*
Teda	Tjebbend	
Teelka, Teelke	Tjeda, Tjede	Waldine
Teeske	Tjode	Wanda
Teete	Töbke	Warntje
Teetje	Tönka	Weda
Teika	Tönna	Weeda
Tela	Töpke	Weeka, Weeke
Telse	Tomke	Weerta
Temke	Tomma	Weertje
Temme	Tonke	Weida
Tete	Tonna	Welmod
Tetje	Trientje	Wemke
Tetta, Tette		Wemma
Theda	Ubba	Wenda
Tialda	Ubbine	Wendel
Tiarda	Ubke	Wendelke
Tiba, Tibe	Uda	Wenke
Tida	Uka	Wenneke
Tieda	Ulberta	Wentje
Tjabberta	Ulbine	Werta

Wertje	Wilka	Wobba
Wiba	Willa	Wobbine
Wibke	Willmke	Wobke
Wiborg	Wilma	Wolberich
Wiebke	Wilmke	Wolberta
Wiemde	Wimke	Woldine
Wiemke	Wimod	Wopke
Wiepke	Wina	Wübbine
Wietske	Winanda	Wübke
Wika	Wipka, Wipke	Wümke

Kleine, vorwiegend poetische Zitatenlese

Männer

Berend, Börjes, Himel,
Tönjes, Dorjes, Ihmel,
Oeke, Eike, Wielf,
Esdert, Gerjet, Stielf,
Unkel, Garbrand, Wiebrand,
Isebrand, Haat, Siebrand.

Evert, Ulfert, Eilert, Klaas,
Lüppe, Mehme, Onke, Staas,
Ontje, Theile, Harm, Tettrino,
Janto, Lübbert, Rickert, Krino,
Gesse, Reimer, Dieke, Meimert,
Eielt, Swittert, Swirt und Weinert.

Pupt und Koert,
Ulpt und Loert,
Jibbe, Jabbe,
Hibbe, Habbe,
Weiard, Focke,
Geike, Ocke,
Koob und Sweert,
Jann und Gerd.

Dirtje, Watje, Woltje, Weye,
Uptet, Eisse, Heyssen, Heye,
Süntje, Jürke, Steffen, Ee,
Sikke, Liebke, Engelke, Thee,
Meine, Hootje, Harbert, Hedlef,
Sjamme, Lütet, Aalef, Detlef.

27

Hilfert, Ulerk, Alerk, Cirk,
Innelt, Rummert, Lammert, Dirk,
Eike, Wilke, Brunke, Weert,
Zobe, Zebe, Ehme, Leert,
Wiebt, Wobias, Weyert, Meus,
Folkert, Frerich, Aidt, Thaleus.

Lütjen, Casjen, Soke,
Melchert, Garrelt, Foke,
Lühre, Ucke, Tamme,
Ubbe, Fehbe, Sjamme,
Ede, Jelde, Onne,
Danje, Euke, Bonne.

Tako, Fiepko, Thilko,
Onno, Okko, Wilko,
Odo, Poppo, Renko,
Tjarko, Enno, Menko,
Jabbo, Hayo, Emmo,
Habbo, Nanno, Hemmo,
Jibbo, Dodo, Eicko,
Hibko, Uvo, Heyko,

Meiel, Wessel, Ollig, Meine,
Helmer, Bohle, Seven, Heine,
Tebbe, Eisse, Eve, Ecke,
Hauwe, Wientje, Jellske, Decke,
Ibeling, Eilt, Bewer, Bene,
Folkert, Jellrich, Hinrich, Mene.

Tone, Jilde, Börchert, Feihe,
Hennsmann, Oltmann, Tjard und Heye,
Lowth und Etzard, Siefke, Enne,
Jülf und Siebke, Remmer, Menne,
Sede, Brune, Freerk, Eteus,
Meemke, Mimke, Rohlf, Poppeus.

Ergänzung

Lüdmer, Follrich, Popke,
Gommel, Röttger, Hopke,
Lüke, Eibe, Hemme,
Eime, Wietje, Temme,
Nittert, Balse, Doje,
Oelrich, Siebrich Boje.

Udo, Siebo, Boko, Ibo,
Icko, Temmo, Focko, Hemmo,
Hero, Abbo, Tido, Habbo,
Erdwin, Friede, Taddick, Konke,
Ihnel, Heite, Reiner, Honke,
Harring, Bojung, Iwerk, Siebe,
Schwidde, Mensse, Bohlke, Ibe.

Rolef, Rieke, Arp und Gede,
Redelf, Lüder, Siebrich, Ede,
Eilard, Gätke, Galt und Göbke,
Gralef, Feeke, Reint und Röpke.

Frauen

Wibke, Wobke, Wübke,
Voske, Imke, Lübke,
Swantje, Fenke, Hauke,
Geelke, Tiede, Bauke,
Aaltje, Siefke, Petje,
Tjebbend, Lieske, Gretje.

Bilda, Wea, Wiemda, Kea,
Thea, Mina, Trüde, Sina.
Tjalda, Manna, Benna, Sanna.
Rewenda, Peta, Lümka, Beta.

Antje, Geeske, Gebke, Aafke,
Abke, Tätje, Nanke, Baafke,
Hiemke, Hiske, Rixte, Theeske,
Rinnelt, Wennelt, Engel, Neeske.
Meiste, Jellste, Grietje, Hientje,
Amke, Annke, Hille, Stientje.

Barber, Siever, Dever, Hemke,
Bartje, Moder, Meike, Wemke.
Eimde, Lübke, Sieverke, Feike,
Sjauke, Trüe, Voke, Jeike.
Beke, Rinne, Betje, Lümke,
Alste, Tatje, Inse, Wümke.
Tjede, Deine, Rennerich,
Rieke, Hilke, Elmerich,
Almuth, Etje, Soberich.

Thalke, Sarke, Lamke,
Rennske, Brechtje, Spamke.
Eie, Roolfke, Eke,
Tönna, Wilmke, Beke.
Meemke, Lottje, Mientje,
Janntje, Harmke, Lientje.

Feuke, Ocktje,
Dirkje, Focktje,
Almt und Gertje,
Olligtje, Weertje,
Moderke, Elske,
Kenuntje, Knellske.

Ergänzungen
Ebba, Menna,
Okka, Fenna,
Wendela, Etta, Hilleda,
Betta, Insa, Metta.
Hillje, Brudje, Fraue,
Bilte, Inste, Aue,
Japen, Mettke, Heebke,
Rikend, Moedje, Töbke.
Cente, Teite,
Jurke, Heite,
Zeyde, Tiebe,
Meike, Liebe.

Hebedina und Heertina,
Remmerdina und Jelstina,
Lükke, Diewer und Wobbina.

Gerreltje, Küntje, Warntje,
Moetje, Tettje, Martje.

Hillard, Wichert, Aaye,
Hadel, Dieke, Debelt, Daaye.

Jaabje, Beete, Daina,
Ebelke, Eltje, Meina.

Aagte, Inke, Rickste, Zicke,
Sidje, Sea, Saerke, Sicke.

Gerreltje, Geelke, Jelle, Jelke,
Reventje, Reinder, Eppe, Ylke (sprich: Äälke),

Willemke, Warntje, Jelste,
Boike, Beewe, Töbke, Ylste (sprich: Äälste).

Adde, Assel, Aagte, Ade,
Janken, Tütter, Tjaard und Tjade.

Hadel, Heertjen und Immina,
Unke, Lumke und Lubbina.

Ebe, Ebbel, Elsebeen,
Eilste, Doede, Boldewyn (sprich: ...wään).

Neele, Ebelke und Tette,
Meindert, Autje, Aut, Wilt, Dedde.

→ *Anmerkungen*

Familiennamenreim

Stüt, Murjan, Kerjös un Snakker,
Goos, Reyer, Spree un Haas,
Pott, Ellstock, Püll un Hacker,
de Ruge, Swarte, Baas,
Flier, Erdmann, Jakub Slicker,
Jann Haasloop, Kükelhan,
Krey, Krabbe, Kohtitt, de Bicker,
Harm Küür un Bullerjan.

(Zu singen nach der Melodie: »Ich weiß nicht, was soll es bedeuten . . .«) → *Anmerkungen*

Zur Namengebung in Ostfriesland, vor allem aber zu dem bereits damals aufkommenden Hang, die alten Namen zu modernisieren, bemerkte 1895 der Nortmoorer Pastor Friedrich Frerichs: ›Was die Namen der Täuflinge anlangt, so merke ich als curiosum an den unter 10. Sept. 1735 gegebenen Namen ‚Esel‘, welchen das Töchterlein des Jan Jassen empfing. Der Name konnte unbeanstandet doch nur bei völliger Unbekanntschaft des löblichen Grautieres und seiner berühmten Eigenschaften in Ostfriesland gegeben werden. Das Bestreben, die überkommenen niederdeutschen Namensformen zu verbessern und durch -lina und andere Anhängsel zu modernisieren, findet sich in der Neuzeit, und es werden dadurch wahre Monstra von Namen hervorgebracht. Hoffentlich hat diese Unsitte ihre Höhe erreicht. Jetzt kommt öfter vor, daß ein besser klingender Name gegeben wird, der mit dem alten weiter keine Gemeinschaft hat, als einen oder einige Buchstaben. So, wenn nach einer Trientje ein Sohn Theodor genannt wird. Doch wird die Sitte, den Kindern in der Familie vorkommende Namen zu geben, im ganzen festgehalten, wenn auch einem nach Trientje genannten Theodor nur zum Schein.‹

Der anonyme Verfasser der ›Klage eines alten Landmanns aus Hinte‹ nimmt seine 1910 erschienenen Reime zum Anlaß für einen verklärten Blick in die vermeintlich goldene Vergangenheit. Er bedauert, daß mit dem Einzug der neuen Zeit und dem Fortschreiten der Zivilisation das allmähliche Schwinden der überlieferten Namen einhergeht und parallel dazu auch ein Rückgang der alten ostfriesischen Tugenden, von Sitte und Moral:

Als ich noch Kind war hier im Orte,
wie sah es da ganz anders aus,
da galten Taten, nicht bloß Worte,
und Friede herrschte Haus bei Haus!
Was da versprochen, das ward gehalten,
bei Jans-Ohm, Hans-Ohm, bei Jungen, Alten.

Denn Menn-Ohm, Geerd-Ohm und wie sie hießen,
das waren wirklich noch Ostfriesen.

Das Leben, Streben der lieben Frauen,
das Stricken, Flicken, man mußt es schauen.

Denn Bauk'-Möh, Frauk'-Möh, welch fromme Seelen,
das waren Frauen, Gott! wie Juwelen.

Die Jungen mußten, Tjark, Tjaard und Tjade,
den Vater hören stets ohne Gnade!

Wenn sich da freite, die liebe Jugend,
sah man auf Geld nicht, nein, bloß auf Tugend.

Da freite Wibben des Nachbars Swaantje,
der reiche Jibbe die arme Jantje.

So freiten Remke, Reemt, Rigt und Rieke,
nach Nachbars Mädchen Foelke, Fieke.

Da sah man melken noch Gepke, Geeske,
und Garben binden die Naatje, Neeske.

Tjaldina, Tütter und all die Mädchen,
sah man im Winter am Spinnerädchen.

So blank war Ettje, so schlank war Trientje,
so rund war Bettje, so lieb war Stientje.

Da tanzten Ulpt, Pupt und Popke,
ein Vetter Michel mit Wipke, Wopke.

Das Leben wurde da nicht verbittert,
was Göke wollte, das wollt' auch Nittert.

Loet, Lüke, Lübbe, Meent, Meelf und Menke,
man hielt zusammen ohn' alle Ränke.

Nun ich ein Mann bin hier am Orte,
wie sieht es da ganz anders aus,
da spielt man wohl Pianoforte,
doch fehlt die Harmonie im Haus!

Da zankt der Sohn sich mit seinem Vater,
da beißt der Hund sich mit Katz' und Kater.

Da zankt die Tochter mit ihrer Mutter,
und keine achtet auf Käs' und Butter.

Da zankt die Schwester mit ihrem Bruder,
so fehlt am Schiffe das Steuerruder.

Da gibt es Leiden, da gibt 's Beschwerden,
es kann der Kuckuck nicht klug draus werden.

Die kleine Zitatenlese soll ein Gedicht des Leeraner Schriftstellers Rieks Janßen-Noort (1912–1988) beschließen, der vor etwa dreißig Jahren das Eindringen exotischer, modischer Vornamen beklagte.

Mien leve Lü, ik much wall weten,
wat sull en Kind neet Trientje heten!
Of Töbke, Gebke, Jan un Gerd!
Un Wübke, Wobke, Harm un Weert!

Sull man sien Kind denn so benömen,
as was 't en Röök van söte Blömen?
Mit Rose, Heide, Erika,
Margritte un Begonia!

Of mutten dat de Namen wesen,
de wi in frömde Landen lesen!
Rinaldo, Charles, Billy, John,
Maruschka, Pedro, Marion!

Wi günnen elk de moiste Namen.
Nüms bruukt sük för sien Aart to schamen!
Un klingt en Naam würkelk echt,
denn is he för uns Kinner recht!

Vornamen im Volksmund
Lieder, Reime, Redensarten, Sprichwörter

Aaltje, mien leev lüttje Swalvke!

Gah hen un blaas *Abel* in de Morse! (,Scher dich zum Teufel!').

He sitt in *Abra(h)ams* Schoot (er sitzt sicher).

Ik will di wiesen, wor *Abraham* de Mustert mahlt [oder: de Toom (Zügel) uphangt] (Ich will dir zeigen, was sich gehört. Zurückweisung eines Ungeschickten, aber auch Dummdreisten).

Adam un *Eva* satten up en Brettje.
Adam harr en Slaapmütz up, *Eva* en Bonnetje (Käppchen).

Adam un *Eva*
hauen enanner mit de Deegspaa (Teigspaten).

›*Adam* un *Eva*‹ nannte man auch zwei segmentförmige Knöchelchen im Kopf des Schellfisches, sie galten als ›Glückssstenen‹. Die schreibfederähnlichen Knochen im Kopf des S. hießen: *Petrus* sien Penn.

Adelheid, de Wind de weiht, de Möhlen dreiht.

Adelheid, de Klock de sleit.
De Wind, de weiht,
de Hahn, de kreiht.
Puup seggt *Adelheid*.

Dat was hum, sä *Ait*-Ohm, do harr he de Rötte bi d' Steert. (Ohm, → *Anmerkungen*).

He is der bikomen as *Amke* bi de Beeren (oder: Peren) (d.h. zufällig oder auch auf heimliche oder unredliche Weise).

Se hett 't in d' Rieg,
as *Amke* 't Möhlenspill
(in d' R. hebben = eine Sache fertig, in Ordnung haben, eigentl.:
etwas in Reihen geordnet haben).

Dat hett de hele Dag al so gahn,
sä *Anke* Diedels, do lagg se mit Appels in de Gööt (Gosse).

So nüüt (hübsch) un nett as *Naatje* (Anna).

Anna Susanna (oder: *Aalke*-Burtalke),
wat rummelt di de Buuk!
Dat deit de sure Karnmelk,
de will dar weer rut!

Anna Susanna
stah up un bööt Füür!
Och nee, mien leev Moder,
de Törf is to düür!
Schüür mi de Ketel
un schrubb mi dat Huus!
Vanavend kummt *Anna* Susanna
hör Brügen to Huus!
Wenn se nich danzen kann,
will ik hör 't lehren,
ik will hör de Footjes
mit Botter besmeren.

Ik un *Anna* Ootje,
stappen in en Bootje,
fahren na Amerika,
blieven dar en halvet Jahr.

Anna satt up d' Trappen
un wachde up hör Mann,
do kwamm de Sloov (= armer Tropf)
um twalf Ühr noch an.
- Goden Mörgen, *Anna!*
- Goden Mörgen, *Jan!*

Wor büst gebleven
de hele gode Dag? –
Anna gung na boven
un haal 'n dicke Stock
un haud' hum mit de Knüppel
up sien dicke Rock.

Ik hebb mi verrekend, sä *Anna* Wippsteert, do kweem na hör
Utsaag dat Hoorkind (Hurenkind = uneheliches Kind) seß Week
to froh.

Annatje, Papegatje,
wo laat is 't? – Twalf Ühr.
Koke Bohntjes, koke Bohntjes,
dat Broot is to düür.
(Kinderreim aus Leer).

Naunehmend, as *Antje* Neister hör Keerl,
de wull hör nich annerswor slapen laten.

Antje, beed, de Speck word uns stohlen!
→ *Anmerkungen*

Is nich all Botter, wat van de Koh kummt, sä *Antje*, do trappelde
se in d' Kohschiet.

Antje Blank hett sük uphangen (Er [sie, es] hat einen Tropfen an
der Nase.

Antje-Möh hör Buck is doot,
steiht up Stall un frett noch goot!

Antje-Möh, jo Buck is fett,
mörgen will wi hum slachten!

Dat is nett so vööl as Knickers (oder: as 'n Knicker) in *Antje*-
Möhs Neers (d.h. es ist nichts wert. → *Anmerkungen*).

Gribbel-Grabbel-Grubbel,
uns *Antje* is 'n Drummel.
Grubbel-Grabbel-Gribbel,
uns *Antje* is 'n Wübbel.

Antje,
Puup-Anntje,
spring up!
(Beim Tauspringen).

Antje kwamm mit d' Want (Strickleiter) an Land,
wull so geern denen,
Schoh mit Stricken harr se neet,
wall mit leren Remen.

Antje-Möh mit de Botterteller
gung so laat up Straat,
do kwamm de Busebeller (Kobold, Kinderschreck)
un greep hör in de Keller.
Antje-Möh, wo laat is 't?
Antje-Möh reep: Een Ühr!
(Reim beim Kriegenspielen aus dem Rheiderland).

Antje-Möh van Nördernee
kookt en Pott vull Riesebree!

't is geböört, 't is geböört,
Antje-Möh is de Neers upschöört (der Hintern aufgeschürft).
(Beierreim aus Forlitz, → *Anmerkungen*).

He haude hör een mit de Schüpp vör 't Gatt,
Antje-Möh sä: Wat ballert dat!

Se hett 't so drock as *Antje*-Möh,
de harr dree Bohnen up 't Füür
un keen Tied, dat se een pröövde.

Antje-Möh wull Water halen
ut de grote Pütte.
Do kwamm dor 'n dicke Pudel an
un beet hör in de … (Rügge).
Koom doch mal rover, (2x wdh.)
to Clüver sien Klarn.
(Volkslied).

40

Antje gung mit de Buddel up d' Loop,
wull sük 'n Lüttjen halen.
As se vör de Töönbank (Tresen) keem,
kunn se nich betahlen.

Antje, ett Fleesk ut Panntje,
lett Bunken drin stahn
un seggt: Katt hett 't daan.

Antje,
braadt Puren (Kröten) in 't Panntje,
lett de Bunken (Knochen) stahn
un seggt: De Katt hett 't daan.

In Stapelmoor, in Stapelmoor,
dar wohnt 'n Wief, 't heet *Antje*.
Wenn ik dar koom, wenn ik dar koom,
dann braden s' Puren (Kröten) in 't Panntje.

Antje Kleen
steiht up een Been.
Wo langer se steiht,
sovööl mehr se vergeiht.
(Rätsel. Antwort: brennende Kerze).

Antje mit Iesder (Bügeleisen).
Ik hebb keen Iesder.
Ik mutt noch 'n Iesder kopen,
'k mutt heel na Bremen lopen.
(Fragment eines Schaukelliedes).

Antje Neihster,
Toom un Teister,
Teister un Toom,
Jan Onken sien Söhn
wull dör de Böhn,
full van de Böhn af,
mit d' Kopp in d' Pepersack.

Herin, du Sleef,
herut, du Deef!
Un denn noch 'n stieven Naslagg.
(Schaukelreim).

Satan, Düvel, Blixem,
Antje-Möh van Twixem! (Twixlum)

Antje-Dütte, *Geeske*-Dütte usw.
(Dütte = altes Liebchen, auch: alte Jungfer, alte Schachtel).

Vörsichtig *Antontje*

›Hett hum‹, sä *Arend* Gurkje,
do harr he hum doch neet.
→ *Anmerkungen*

Auke, Pauke, Pickelpuus.
[Pauke = Pfau (Dim.) = eitles, kleines Ding; Pickelpuus = eitel auf
seine Füßchen (Pickels) wie das Kätzchen (Puus)].

Holl mi fast, sä *Baar*, of ik gah weg, do satt he noch 'n helen Dag
(leere Drohung).

Döse *Bartelt*

He weet, wo *Bartelt* (oder: Mees, d.i. Bartholomäus) de Most
haalt (er weiß Bescheid, spöttisch).

Egale Lücht, harr *Bartelt* seggt, do harr he Baafke unner 't Hemd
keken.

Dat blänkert as *Beaten* hör Sülvertüüg.

Beene van Ellen*, paß up dien Schapen!
Jonas van de Riep liggt up 't Meer to waken.
→ *Anmerkungen*

Half eken un half esken as *Berend* Eiben sien Büx
(halb aus Eiche, halb aus Esche; die Hose von B.E. war wohl aus
starkem, doppeltem Tuch).

Wipsig (beweglich, schlüpfrig) as *Berend* Heikes sien Hüdels (Klöße).

Berend Böhner
jaggt sien Höhner
over d' Diek,
in de Sliek,
do is *Berend* Böhner
sien Höhner quiet.

Berend Buttje, de wull fahren
mit sien Schippke na Polaren.
De Weg was krumm,
do gung *Berend* Buttje weer um.
oder:
Berend Buttje was to duun,
do muß he mit sien Schippke weer um.

So hett 't seten, sä *Berta*, do harr se de Treckpott (Teetopf) kött smeten.

Bientje, uns Tüütje, mag keen Klüütje.

Bini word olt, olt as 'n Stück Holt.

Christian Kruse is alltied in de Suse.

Ik geev mi van de Saak of, as *Christian* Lüüg van 't oll Peerd (Wenn jemand aus der Not eine Tugend macht).

Dat Aas hett wat lehrt, seggt *Coord* van Hallen, de kann dör de Welt kamen.

Dirk, ik meen man so.

Dirk mit de dicke Lippen, 't Gesicht vull Stippen.

Dirk-Sotoseggen.

Dirk Törf (D. Dummkopf).

43

Dirk Plumpsack. *Dirk* Dottje.

Dicke duun as *Dirk* Dreier.

He löppt darmit as *Dirk* Blome mit 'n terreten Katechism.

Dicke *Dirk*, dat deit di de Doot,
dat du Dokters Drank drinkst.
(Zungenbrecher).

Riet in Tau, riet in Tau,
oll *Dirk* Pick, un beier gau.
(Beierreim aus Esens, → *Anmerkungen*).

Ede – bede – Büxen
satt up Trappen.
Wull neet lappen (flicken).
Um 'n Stückje Broot
slogen se 'nanner doot.
(Bedebüxen = Betbruder)
[zersungener Abzählreim].

Edzard, Frettsack,
dien Peerd lacht up Sönndag.
(Kinderspottreim aus Leer für einen unbeliebten Kutscher).

He is so willig as Baas *Ehnt* sien Esel.

Lei *Eibe* hett 'n Liekdoorn (Hühnerauge) an de Foot,
wenn de hum drückt, gifft' t Watersnoot (Träge Leute achten
gern auf jedes kleine körperliche Unbehagen. Schmerzende
Hühneraugen können einen Wetterumschwung anzeigen).

Eilert mußt wieken, fangst anners an to krieten (weinen).

Eilert Weber
hett en Fehler:
an de Tung,
an de Lung,
an de Leber.

De sünd so billig as *Eit* sien Aanten (die gestohlen waren).

Elisabeth, is de Kohl ok fett?
Nee, mien Swager:
Is neet mager,
is neet fett,
darum heet ik *Elisabeth*.

Dree laggen in een Bedd
un elk sleep vörn.
(Scherzrätsel. Elk = jeder und friesischer Vorname: *Elke*, d.h.: der
vorne lag, hieß: Elk).

Elske hett de Maten (Gefäße, Krüge) rein, kumm mit!
(Ruf der Dornumer Glocken, sonnabends um 6 Uhr).

Elske, Greetje, Geeske, de dree,
well ridd der,
well flüggt der,
so fell (schnell) woll as se!
En Bessemsteel, dat is hör Peerd,
de Düvel sülvst hett sük verfeert.

Elske, Müürelske (Mauerelske) mit de Botterteller,
Elske, Müürelske, wo laat is 't?
Een Ühr usw.
(Beginn eines Liedes beim Kriegenspiel).

Elk Ding hett sien Wetenskupp, sä *Engel*-Möh,
do puusde se 't Lücht mit de Neers (Hintern) ut.

Se maakt Wind as *Eve* (Eva).

Onder deze steen
leggen zeven broeders in 't gemeen,
zes heten er *Ewert* en dan,
was 'r de zevende, die heete *Jan*.
→ *Anmerkungen*

45

Fabian Sebastian (20. Januar), fangt de rechte Winter an.

Fabian Sebastian, lett de Sapp in 't Holt gahn.

Fabian Sebastian
geiht de Saft in 't Holt
un de Jöök in 't Fell.
(Bauern- und Wetterregeln).

Pass up vör *Fidi!*
He steiht dicht bi di!

Fietje un *Wübke*, van beiden en Stückje.

Wind, sä *Focke*, do fleitde he in 't Seil.

'n Scheet ok, sä *Fokke,*
do harr he noch heel keen Neers (Hintern).

He is so slimm (loos, slau) as *Folkert*, de kookt Eier in de Bree (er
weiß sich zu helfen).

Folkert mußt de Padd nagahn,
dürst unnerwegens neet stille stahn.

Dat is so seker as twee mal twee veer sünd na *Folkert* Krey sien
Rekenbook (Folkert Krey, Schullehrer zu Buttforde im Harlinger-
land, gab 1738 ein Rechenbuch heraus, das über hundert Jahre
in den ostfriesischen Schulen gebraucht wurde).

Wi arme Minsken, seggt *Fookje*-Möh,
kien een Blatt Tee in Huus, un *Peter* kummt mit de Bruut.

He is so klook as *Freerk*,
de hett Snött (Nasenschleim) in de Dünnegg (Schläfe) (d.h. er ist
überklug).

Dat weer 'n Puutei (Windei), sä Baas *Freerk*, do kwamm sien
Frau mit 'n dood Kind in de Kraam (Wochenbett).

Gebke-Möh söcht na hör Penning, de se in 't Düstern verloren
hett, un wenn se dar ok 'n Grosken-Keerse um verbrannen mutt.

Geertje, wat 'n Kummer, worrst alle Dage dummer.

Kinnerminsken noch to ja,
seggt Klatt-*Geesch*.

't is all richtig, sä de Pastor, de Jung heet *Geeske* (sagte der Pastor, als er versehentlich bei der Taufe einem Jungen einen Mädchennamen gegeben hatte).

Glück as *Geeske* mit Twennels (Zwillinge).

Dat geiht Moder un *Geeske* an, sä de Buur, do kwamm der en Frejer in 't Huus (Das sind Frauensachen).

Wor wat is, dar spillt (verdirbt) wat, sä *Geeske*,
harr twee Kinner hatt, un een darvan was stürven.

Geeske, so still,
weet noit, wat se will.

Geeske kreeg en Schüpp vör 't Gatt,
Antje-Möh sä, wat dönnert dat!

Gerd, och *Gerd*, sitt rüggels up 'n Peerd!

Gerd, Peerd, Kohsteert!

Gerd Döffke (hat immer eine kurze Pfeife im Mund).

Gerd, *Gerd* Hoppelsteert
is kien halven Daler weert.

Dat is so 'n *Gerd* Dag-un-Nacht (allzu arbeitsam).

Gerd-gau-mit-de-Beck (unüberlegter Schwätzer).

Geerd-Steert, Huppelpeerd (Schaukelpferd),
well hett di dat Huppeln lehrt?

He proot van de grote *Gerd* un hett de lüttje noit sehn (er spricht von Sachen, die er nicht kennt).

He is nett so dumm as *Gerd* sien Moder,
de backt Mehlpüüt (Puffert) in de Stefel un Pannkook in de Sluur (Pantoffel).

He is so vergetelk as *Jantje*-Möhs *Gerd*,
de wull pupen un vergatt, dat he de Neers open dä.

Is de Kohl goot smeert? sä *Gerd*,
geiht woll an, sä *Jan*.

Ehrlich gedeelt, sä *Gerd*, do sach he to,
dat he van de Pannkook dat gröttste Stück kreeg.

Nu noch eenmal un dann nich mehr, sä *Gerd*, as he 't letzte ut
de Siroopspott slickte.

Gerd seggt: Ik bün neet lecker (naschhaft), man ik mag geern, wat
sööt is.

Hett hum, seggt *Gerd*-Ohm, do harr he 'n Görtkörrel (Graupen-
korn) in 't Lief.

Alltied is *Gerd* Peters krank,
midden in de Week,
nich sönndags, Gott sei Dank!

Gerd un *Geeske*, *Jan* un *Trientje*,
Harm un *Greetje*, *Focke* un *Stientje*,
gahnt dor hennig as en Lüüntje.
Kiek dor köön 't ji Swajers (Schlittschuhläufer) sehn,
koomt dor heel van d' Hammerk her,
luren neet na Wind un Weer.
(‚Schöfelleed‘, Volkslied, 1. Strophe).

Lüttje *Gesientje*,
grote *Gesientje*,
all mit 'nanner tohoop.

Grillen, sä *Göke*, do kreeg he sien Mod'er vör de Ploog,
auch:
Dar geiht 't hen, sä *Göke*, do harr he sien Wief vör de Ploog.

Wor is *Greet*?
Wor is *Greet*?
Dat weet ik neet.

48

Greet is in de Keller kropen,
hett de Buur de Melk utsopen.
Dar is *Greet*,
dar is *Greet*.

O du gode *Greetje*!

Buur-*Greetje*, Dicke-*Greetje*, Griese-*Greetje*.

Greetje Grull sitt up 'n Bull.

Puh, *Greetje*, wat is dien Hemd lang (wird von belanglosem Geschwafel gesagt).

Klaar is 't Kleedje,
't Kind heet *Greetje*.

Se hett 't in d' Luur as *Greetje* hör Lüttje
(Wortspiel: in d' L. hebben = aufpassen, mißtrauisch sein und:
Lure = Windel).

Nee, sä *Greetje*-Möh, un dann ok noch sükse dicke Tee, dat wi
dat mit de Heegscheer vör de Treckpottsnuut (Tülle des Teetopfes) ofsnieden könen.

Nüms in Huus as *Greetje*,
un de is ok noch mall.
(Redensart).

Heißa Viktoria!
Wat fraggst du der na,
dat ik na *Greetje* gah:
't köst di keen Geld.
't köst mi man 'n Paar Schoh,
giffst mi der keen Deite to,
't krieg noch 'n Paar Mühlen (Hausschuhe) to:
't geiht di nix an.
Man, wenn 'k hen t' freen gah,
neet mehr na *Greetje* gah,
un seggt keen Minsk van: ja,
dann koom 'k bi di.
(Scherz- und Tanzlied).

49

Grietje wull melken,
all unner de Koh:
– Heden! (Herrje) sä *Grietje*,
de Titte sitt to!

Haaske-Möh, mien leve Kind, wat is 't en Eilandslevend (auch:
Elendslevend) (Die Insulaner lebten früher, vor allem in langen
Wintern in sehr bescheidenen Verhältnissen).

Hanke in der Not.

Hanke un alle Mann.

Hannes, kumm un kiddel mi up un daal,
noch mal an den Lüchterpahl.
Oh. Deern, Deern, Deern, Deern, ik kiddel di,
Deern, Deern, Deern, Deern, ik kiddel di.
(Tanzreim).

Hans-Flügg-up. Hans-Damp (Hansdampf).
→ *Anmerkungen*

Hans-Ars, *Hans*-Narr, *Hans* Ollewiese,
Prahl-*Hans*, Small-*Hans*, Groot-*Hans*.

Hans-sünner-Kopp (kopfloser Mensch, Dummkopf).

Hans Eenfolt wull de Welt vermehren,
do namm he sük 'n stevigen Deern.

Fasel*hans* (jemand, der faselt; alberner, dummer Schwätzer).

Dar ruuk an, sä *Hans*, do sloog he *Jürn* up de Nöse.

O *Hannes*, wat 'n Hoot!
De Hoot, de kledd di goot,
de Hoot, de hett 'n Daler köst;
een Daler köst de Hoot.

Hans, mien Knecht!
– Believt (bitte), mien Heer?
– Haal mi – dit

- Haal mi - dat
- Haal mi 'n gollen Katte ut de Stadt!

Hans, mien Knecht!
- Believt, mien Heer?
- Haal mi dit der her,
- haal mi dat der her,
- haal mi 't gollen (Raat)huus der her!
't sall der her un 't mutt der her.
(Dialoge bei einem Kinderspiel).

De lüttje *Hans* wull se neet,
un de grote *Hans* kwamm hör neet
(Das Mädchen hat keinen Freier gefunden, weil sie zu wählerisch
war).

Hänsken tweerlei
(Zwitter, Hermaphrodit).

Hänsken in de Keller
(Kind im Mutterleib).

Dat is 'n Herrgotts *Harm* (Dummkopf).

Harm Schandarm, maakt de Buuskohl warm!

Schaap-*Harm* (auch: *Harm*-Schaap) = Dummkopf, Schafskopf,
Einfaltspinsel

Harm, Larm, Landgendarm,
in mien Arm is 't leckerwarm,
Leverwust in Endeldarm
mag de lüttje *Harm*!
oder:
Harm-Schendarm hett en Wust unner de Arm!

Harm, arm *Harm*, dat Gott erbarm!

Harm un *Geeske* wassen 'n Paar,
schoven 'nanner in de Messekarr (Mistwagen),

Messekarr was Dreck in,
dar schoov *Harm* sien Geeske in.
(Spottreim aus Dornumersiel).

Lange, lange Riege,
twintig in de Stiege,
twintig in dat Botterfatt
sitt de *Harm* un maakt sük satt.

Harm Süderpoot (Linkshänder).

Ik bün so riek
as *Harm* van 't Diek.
De harr söven Bedden,
dree van Stroh
un de annern sünd nett so.

Hooch hangt *Hauke*,
up 't Bedd slöppt *Bauke*,
achter Döör steiht *Freerk*,
in 't Feld löppt *Hinnerk*.
(Rätsel. Antwort: Hauke = ‚Lichtertau', Seil zum Aufrichten im
Bett, das von der Decke herunterhing. Bauke = Frauenname,
Freerk = Besen, Hinnerk = forttreibender Rauch).

Hay frett as 'n Wulf, so vööl as Hei in 't Gulf.

Hein, duuk di!
He smitt di!
→ *Anmerkungen*

Heini mit koll Foten.

Heini Meyer is 'n Kleier, leggt fule Eier.

Hermann, slaa Lärm an.

Hermann un *Hinderiekje* hauen sük um 'n Rietstickje (Streich-
hölzchen).

He wurr van *Herodes* na *Pilatus* wesen.

Hey Bohn (Bohne), *Casjen* Plant (Pflanze) und *Hey* Prei (Porree) sind Gemüsebauern (Ökelnamen).

Hiemke luurt na de Wiemke
(Wiem[ke] = Gestell an der Decke für Schinken, Speck, Wurst).

Hilke, mien Kind, maak blot kien Wind.

Proot *Hille*, proot *Mette*, proot olle Trumpette!

Dröge-*Hinnerk*

Blau *Hinnerk* (Molke).

Knaken *Hinnerk* (knochiger, auffallend magerer Mensch).

Holten *Hinnerk* (hölzerner, unbeholfener Mensch).

Dat is 'n rechte Iesdern *Hinnerk* (mit einer unverwüstlichen Gesundheit).

Hinnerk segg even 'n hard Woord („Machtwort').
Steen, seggt *Hinnerk*.

Dat hett noch Tied, sä *Hinnerk*, dar sull he Hau hebben.

Du büst ja noch minner as 'n Peerködel, sä *Hinnerk* an 'n jung Keerl, de nich roken dä, de Peerködel dampt un du nich!

Egale Lücht, harr *Hinnerk* seggt,
do harr he *Geeske* unner 't Hemd keken.

En Dübbeltje (Zwei-Stüberstück, etwa 1 Groschen) kann raar rullen, sä *Hinnerk*, 'k hebb een in Delfzyl verloorn un in Emden up de Lange Brügge weer funnen.

Hinnerk Breier (er 'breit', d.h. er spricht das 'r' mit Gaumenlaut).

't Jickert vull Gaten,
'n Büx sünner Naht,
dat is *Hinnerk* Lappsack (Lump, Nichtsnutz)
sien Bedelstaat.

He is so 'n rechten *Hinnerk* Stint (Dummkopf).

Hinnerk-Stint weiht in de Wind,
weiht in de Sloot.
Dar geiht *Hinnerk*-Stint van doot.

Hinnerk Stint schitt tegen de Wind.

Ik sloog mi eenmal tegen söven,
sä *Hinnerk*-Ohm, man dar was kien een,
de mehr Slage kreeg as ik.

Hinnerk de Wall sitt bi de Höhner in d' Stall.

He hett 't so hild (eilig) as *Hinnerk* sien Hahn,
de harr een Henn to treden.

Dar kannst an raken (geraten), as *Hinnerk* an 'n Suurkohl.

Bröör *Hinnerk*, slöppst du noch?
't lütt al na de Schole!

Bim-bam-bum!
Büst 'n ollen Leiwams (Faulpelz) doch,
wenn 't al lütt, dann slöppst du noch!
Bim-bam-bum!

Hinnerk stunn vör *Antjes* Döör,
Antje kreeg en rode Klöör.
Hinnerk sloog wall up de Trumm:
Kumm, mien leve *Antje*, kumm!
Ik will di en Duutje geven,
un du sallst mien Bruutje wesen.

*Hinnerk Jan*ssen,
de wull danzen!
Leet een gahn!
Dat hett *Hinnerk Jan*ssen daan!

Hinnerk Janßen, de wull danzen
mit Zickzack, sien Bruut.
Up de Kamer, up de Kamer,
de Fensters flogen druut.

54

Hinnerk-Ohm un *Jantje*-Möh
wohnen achter d' Toren.
Hinnerk-Ohm haut *Jantje*-Möh
'n paar goden achter de Ohren.

Variante der letzten beiden Zeilen:
Hinnerk namm de Bessemsteel,
hau *Janna* achter d' Ohren.
(Beierreim aus Marienhafe).
→ *Anmerkungen*

He is nett so arm as *Hiob* (oder: *Job*).

Ik weer so arm as de salige *Job* (Hiob)
un sleep in d' Winter sünner Pool (Mütze) up d' Kopp.

Trööst di mit *Job* (Hiob)
un smeer dick Stroop (Sirup).

Nu frei di mit *Hiob* un smeer dien Neers mit Sirop.

He is ehrgierig as *Hote* sien Hund, de 't Broot neet mehr fratt,
dat se hum eenmal nomen harrn.

Jaabk, de wull nich stille stahn,
Jaabk stah still!
De wull alltied danzen gahn,
Jaabk stah still!
Ik sä van *Jaabk*, ik sä van *Jaabk*:
Jaabk stah still!

Un wenn du wullt nich stille stahn,
Jaabk stah still!
Dann mußt mit de Maid in d' Runne gahn,
Jaabk stah still!
Ik sä van *Jaabk*, ik sä van *Jaabk*:
Jaabk stah still!

Warum sall ik denn stille stahn?
Jaabk stah still!
Ik heff doch nüms wat Quaads andaan.
Jaabk stah still!
Ik sä van *Jaabk*, ik sä van *Jaabk*:
Jaabk stah still!
(Tanzreim).

Dat weet de dove *Jaabk* ok al (Das ist nichts Neues).

Wat mutt man nich all hören, sä de dove (taube) *Jaabk*.

Dat Oog will ok wat, sä blinde *Jaabk*,
de freede he na 't moje Wicht (heiratete er das schöne Mädchen).

So wat leevt neet, sä *Jakob*, do funn he 'n dood Leverke (Lerche).

Wenn de wahre *Jakob* kummt,
denn sall *Maree* wall folgen.
→ *Anmerkungen*

Koop hett 'n wieden Neers (Hintern).
(Wortspiel: Koob = Jakob, Koop = Kauf).

Vader *Jakob*, Vader *Jakob*,
dat Broot is so düür.
Kartuffels, Kartuffels mit Schellfisk up 't Füür.
(Beierreim, → *Anmerkungen*).

Jan heet de meeste Mann.

Dat könen *Jan* un *Hinnerk* ok (das kann jeder).

Goden Dag *Jan*, seggen de Lü,
wenn de Döör in de Klink weiht (zuschlägt).

't is good, dat man sien egen Fahrtüüg hett, sä *Jann*-Ohm, do
gung he mit sien Schuuvkarr d'r van dör (rannte fort).

Jan Allbegehr (Freßsack).

Jan Bangbüx (,*Jan*-Angsthose', Angsthase, d.h.: ein furchtsamer
Mensch).

Jan-bito (unbedeutender Mensch).

Jann Blank (scherzhaft: Nasentropfen).

Jan Blubber (Plauderer, Schwätzer).
(Blubber = Luftblase; Walspeck).

Jan Breetloper

Jan Düllwuddel (gerät leicht in Wut).

Jan-Düvel (*Jan*-Teufel', also: ein gefährlicher Bursche).

He gluupt (gafft) as *Jan* Dulljes, de kickt na beide Kanten (d.h.: er schielt, guckt verstohlen).

Jan Vördwars. *Jan* Dwarsbüngel (Querkopf).
→ *Anmerkungen*

Jan Eierdööl – *Jan* döggt neet vööl.

He is so ehrlich as *Jan* Fink, de lett nix liggen as Möhlsteen' un gleunig Iesen.

He hett bi *Jan* Flegel in de School gahn (ist flegelhaft).

Haal ut, *Jan* Fusker (mit dem Arm zur ordentlichen Arbeit ausholen, z.B. beim Klootschießen – sonst gibt es nur Pfuscherei).

Jan Goosmors (allzu gutmütiger Mensch).

He is 'n rechten *Jan*-Göök (Hanswurst), he kann mit Ulenspegel in d' Spann (im Gespann, d.h. als Paar zusammen) gahn.

Jan-Gört/*Jan*-Görtje = ,*Jan*-Grütze', Kleinigkeitskrämer, jemand, der sich ungefragt überall einmischt; alberner, unbeholfener, auch dummer Mensch.

Jan Hagel oder: *Jan* Rapp un sien Maat (Pöbel).

Jan Hinkepoot

Jan, ik-will't-man-seggen (jemand, der überall noch etwas zu bemerken hat).

He steiht as *Jan* van feern (von fern, d.h.: traut sich nicht an eine Sache heran, packt nicht mit an).

He steiht as *Jan* van feern, wenn de Kugels flegen (er kann kein Pulver riechen).

Jan Klump (ungeschlachter Mensch; Klump[e], Klumpen = Holzschuh).

Dat is mien Saak,
seggt *Jan* Knaak.

Jan-Krodde = Johann-Stutzer

Jan-Küll(er) = *Jan*-Fopper (der alle Leute zum besten hält, quält oder narrt).

Jan Lapp, *Jan*-Fetzen = Schlaps, Lump, Nichtsnutz

Jan Lapp (oder: Rapp) un sien Maten = Lumpengesindel

Jan Lüll = *Hans*wurst, Spaßvogel

Dat kann *Jan* Lüttje wall (Das kann wohl ein Kind).

Jan-Mann kruupt dör 't Spinnhuus (sagt die Mutter zum Kinde, wenn der Zeh durch ein Strumpfloch guckt).

Well sall hum verlüden?
Jan-Mann un sien Büden (Genossen).

Koppbreken! Koppbreken! sä *Jan* Ochgottjes (oder: Jan-Hinnerk; so genannt wegen seiner vielen Stoßseufzer), do sull he 'n Beddboord maken (d.h.: eine einfache Arbeit).

He is 'n *Jan*-Peter (Dummkopf).

Jan Plattfoot

Jan Rasmus (Nordsee).

He is so 'n *Jan* Sachtjes (ein Langsamer, Leisetreter).

He is 'n *Jan* Seker (sehr vorsichtig).

Jan-Snuut (*Jan*-Maul, Maulaffe).

Jan Törf (*Jan*-Torf', Dummerjan, [früher auch: Torfschiffer]).

Jan Verdreet, ik krieg di noch beet (zu fassen).

58

Eerst de Piep ansteken, sä Blau-*Jan*,
as he na de Galg hen sull.

Buller-*Jan* (Polterer).

Bummel-*Jan* (Trödelfritz).

Klater-*Jan* (Lumpenkerl, abgerissener Mensch).

Kört *Jan* (Zaunkönig).

Dar geiht 't hen, sä Mall-*Jan*,
do harr he sien Mo'er vör de Ploog.

Dat weer doch neet heel miß (schlecht, daneben) sä Mall-*Jan*,
do harr he sie Moder 'n Oog utsmeten.

He haut der wat in herum as Mall-*Jan* tüsken de Höhner.

He geiht tokehr as Mall-*Jan* mang de Höhner.

He haut drin as Mall-*Jan* in de Appelbree.

He spöölt de Mall-*Jan* (stellt sich verrückt an).

Mall-*Jan* un Klook-*Jan* gungen mitnanner ut,
un overall gung Mall-*Jan* mit de beste Büüt (Beute),
un de kloke *Jan* muß achter 't Nett fisken (d.h.: ging leer aus).

De neet doof (taub) is, mutt vööl hören,
sä Mall-*Jan*, do leevde he noch.

De 't doon kann, sä Mall-*Jan*,
de geev mi 'n sülvern Örtje
(alte Kupfermünze, ‚Heller‘).

ABC
Katt löppt in Snee,
Hund geiht der achter an,
dor seggt de Katt: Mall-*Jan*.

Pulten-*Jan*
He löppt herum as Pulten-*Jan* (Pult[e] = Lumpen, Fetzen, Lappen).

Pulter-*Jan*

De sien Wark versteiht, de kriggt ok Wark, sä Snieder-*Jan*, do kreeg he to Paasken en olle Büx to lappen.

Stamer-*Jan* (Stotterer).

Dat is verbetert dör *Jan* Ballhorn.
→ *Anmerkungen*

He is so rieve (freigebig) as *Jan* Behrends,
de leet 'n Nöösdrüppel (Nasentropfen) in de Gribbelgrabbel (unter die Menge) fallen (wenn jemand überaus geizig ist).

Dat sünd Knepe van *Jan* Bunk.

Dat is 'n tweden, seggt *Jan* Eden,
de kien Kohl hett, bruukt ok kien weden (Unkraut jäten).

Dat is 'n ewig Verband, as *Jan* Ehlers sien Kattblock (der ‚Bär‘ am Flaschenzug zum Rammen) mit veer iesdern Hörnbanden.

He is so egen (eigensinnig) oder: flink as *Jan* Fink, de sull hangen un wull neet.

Dat is slimm, sä *Jan* Glimm,
do harr sien Bröör sük in de Finger sneden.

Laat 't gewähren, seggt *Jan* Heeren,
mien Dochder is de Bruut!

Dat Spill van *Jan* Klasen = Kasperletheater.

Man mutt alls utprobeern, sä *Jan* Kluin,
do pootde (pflanzte) he 'n Rieg Hinter Pepernöten in sien Tuun.

Bim, bam, beier, *Jan* Köster mag keen Eier.

He steiht buten (bleibt nicht bei der Sache) as *Jan* Lammers sien Knappsack (Tasche).

Ik geev mi of (sage mich los) van de Saak, as *Jann* Lüüg van 't oll Peerd.

In Gedanken, sä *Jan* Meiners,
do stook he 'n Kluut Botter in de Taske.

Wall to betern, sä *Jan* Siebels, do att he dree Pund Schaapfleesk, veer Speckpannkoken, 'n lüttje Porsje (Portion) Bohnen un dree Pund Speck.

Wiekt jo Lü, *Jann* Weets will scheten (Klootschießen).

Laat lopen de Kloot, *Jan* Wever is doot.

He kummt mit de Klumpen in 't Gelagg (Gesellschaft), as *Jan* Wever up de Landdag.

'n Jung van *Jan* de Witt. (‚ein gescheiter, tüchtiger Junge‘).

He kummt up d' Schlag, as *Jan* Wübben up de letzde Legge (Lage Korn zum Dreschen).

Jan will wall, man *Jan* düürt neet (darf, wagt, kann nichts).

Dat is neet för *Jan* un allemann (nicht für jeden).

He is bold weer boven *Jan* (wieder obenauf).

Jan wull sien Buur brüden (ärgern) un ett neet (schadete damit sich selbst).

Dat is anners wat as: *Jan* kumm un eet wat! (entspricht nicht den Erwartungen, ist eine unangenehme Überraschung, oder auch: geht darüber hinaus).

Dar bün ik bikomen as *Jan* bi de Peren un *Greetje* bi 't Kind.

He is darbi kamen as *Jan* bi sien Wief.

Dat is heel wat anners as: *Jan* kumm un eet wat (‚das ist eine unangenehme Überraschung‘).

Ik hebb alls dübbelt, sä *Jan*, ik hebb twee Stefels un twee Klumpen.

Help Gott, sä *Jan* tegen *Klaas*, do wull de Kater bellen.

He is der bi kamen as *Jan* bi de Düssel (Axt mit Querscheide).

He is der bi kamen as *Jan* bi 'n Klüverstaken (Springstock), harr 'n stohlen.

Ik vergeev di 't *Jan*, man denk du der an, seggt de een Schipper tegen de anner (d.h.: Vergeben, aber nicht vergessen. Schiffer und Insulaner nennen die stürmische Nordsee auch *Jan* Rasmus).

Jan, segg insmal wat Sööts.
Zücker, seggt *Jan*.

Yes, sä *Jan*, do sprook he Engelsch.

Uns *Jan* is General of Kaperal, dat raalt so wat, sä 't Wief.

Kummt all Dag wat Nees, sä *Jan*, do sull he 'n Breef schrieven.

Wo sall de Jung nu denn heten? froog de Pastor.
Slichtweg *Jan*, he sall man achter de Ploog, sä de Buur, do leet he sien Jung döpen.

Man mutt allens utprobeern, sä *Jan*, do poot' he 'n Rieg Pepernöten tüsken de grote Bohnen.

Holl der mit up, sä *Jan*, do full *Gerd* van 't Dack of (oder: van de Kark).

Ik smöök kolt (habe die leere oder noch nicht angezündete Pfeife im Mund), sä *Jan*-Ohm, dat spaart Teback.

Wor Rook is, is ok Füür, sä *Jan*, do wull he sien Piep an 'n Peerkötel ansteeken!

Elk Ding hett sien Wetenskupp, sä *Jan*, do puust he dat Lücht mit de Neers ut.

Dat is miß, sä *Jan*, do harr hum 'n Hund in 't holten Been beten.

Dat weer bito (nebenher), *Jann*, sä *Wübke*, do was se nett vör 't Singen ut de Karke gahn.

Wat hebb' ji dat hier leeg unner d' Böhn, sä duun *Jan*, do wull he weer up de Been un stöttde elker Mal mit d' Kopp unner de Tafel.

Dat harr ik man doon sullt, sä *Jan*, do floog 'n Swaalvke dör de Köken un leet wat in de Sopp fallen.

Well weet, wor de Aal löppt, sä *Jan*, do settde he de Fuuk in d' Wagenspoor (oder: in 't Göötgatt, bzw. in de Schösteen).

Of kolt of heet, *Jan* löppt sük in Sweet.

Jan-Hinnerk, He is 'n drögen J.-H. (Mensch ohne Saft).

Jan-Hinnerk, de Buur, flüggt as 'n Kugel up de Sluur.

Stennen is halve Arbeit, sä *Jan*, do stellde he sük achter de Smidtbaas hen un stenn sien best.

Dat könen *Jan* un *Hinnerk* ok (Das kann jeder).

Jan, jaag nich de Höhner, 't gifft anners wat mit de Böhner (Schrubber).

Wo kann 't angahn, sä *Jan*, do brött de Henn Aantkükens ut.

Jan, du sääst, de Bohnen dään mi nix;
O *Jan*, wat kellt (schmerzt) mi doch dat Liev!

't slippt hum, as *Jan*, de harr Slunt (Lumpen) för 'n Kohlblatt dalsloken.

Wat ik will, dat will ik nu mal, sä *Jan*,
do wull he de Koh an de Steert melken.

Wat ik will, dat will ik, sä de dickkoppde *Jan*,
do wull he Botter up de Tang braden.

Gah weg, of ik krieg di, sä *Jan*,
do kreeg he 'n Stück Fleesk ut de Pann.

Beter wat as nix, sä *Jan*, do att he Karmelkbree mit de Gabel.

Dat is mall, sä *Jan*, warme Bollen (Brötchen) mag ik neet,
do harr he för dree Fiefthalven (zwei gute Groschen = 4 1/2 Stüber) up.

Tüh an, *Jan*, 't is en Bullkalf.

Dat weer 'n Versehn, sä *Jan*-Ohm, do streide he Solt up de Hönnig un meende, dat weer Zucker.

Beter is beter, sä *Jan*, do streide he Zücker over sien Sirups-Botterbroot.

Elk sien Möög, sä *Jan*, ik eet Fiegen un mien Moder dröög Broot.

*Jan*mann satt up de Schösteen un flickde siene Schoh,
do kwamm der 'n wacker (oder: Backers/Buren) Meisje an, de sprook:
*Jan*mann, wenn du frejen wullt, dann freje du na mi,
ik heff so 'n blanken Dalertje, un de is goot för di.
Och nee! och nee! ik mag di neet, du hest so 'n schefe Foot;
Och *Jan*, och *Jan*, dat deit hum neet (macht nichts), dat Geld maakt 't all weer goot.
'n blanken Daler is neet vööl, 'n Penning is to minn,
wenn *Jan*mann mit d' Bruut na de Karke gung, dann was dat na hör Sinn.
(Tanzlied; → *Anmerkungen*).

Hochmoot, Hochmoot, wor will dat henut, dar kummt *Jan*-Ohm mit nee Klumpen in de Kark un hett noch gode ollen in Huus.
→ *Anmerkungen*

Beden helpt wall, Herr Pastor, sä oll *Jan*-Ohm, man eerst mutt der Meß un Jier (Mist und Jauche) up 't Land.

Dat is 'n Muuskant (oder: Musik), sä *Jann*-Ohm, do harr he 'n Bigg (Ferkel) in de Sack.
(Musikanten wurden früher wenig geachtet, → *Anmerkungen*).

He besteiht up sien Ehr un sien Stück Speck as *Jan*-Ohm sien Hund, de wull dat Stück Speck neet freten, wat se hum al 'n mal anboden harren.

Dat sall mi neet weer passeren, sä *Jan*-Ohm, dar halen se hum na de Galg.

Hund in 't Tau,
Hund in 't Tau,
Jan-Ohm kummt un bummert gau.
→ *Anmerkungen*

Dumeloot, Slickerpoot,
lange *Jan*, korte *Jan*,
lüttje *Pieter* Müllermann.
(Fingerreim aus Borkum).

Jan-Ohm sleit
mit de Bunk (Knochen) in d' Klock,
he will lüden,
he will lüden.
(Beierreim, → *Anmerkungen*).

Jan, kumm, kiddel mi,
Jan, kumm, kiddel mi,
Jan, kumm, kiddel mi 's avends.
's avends, wenn de Klock sleit acht,
dann kummt *Jan* un kiddelt mi sacht.
(Tanzreim).

Jan hett dat drock,
kruppt up de Stock,
weiht dann de Wind,
bummelt dat Kind.
(Rätsel. Antwort: Stockbohne).

Lüttje *Jan* Schoon
sitt up sien Thron.
He sitt un raart,
dat he lüttjeder word.
(Rätsel. Antwort: brennende Kerze).

Lüttje *Jan* Wittkopp,
fall mi neet van de Disk of,
't is keen Dokter in 't hele Land,
de di weer beter maken kann!
(Rätsel. Antwort: Ei).

Jan Blicker, *Jan* Blacker sprung over de Acker,
Jan Blicker, *Jan* Blacker sprung in de Sloot

un doch was *Jan* Blicker, *Jan* Blacker nich doot.
(Rätsel. Antwort: Frosch).

'k weet en Raadsel
van *Jan* Kaadsel.
Geev mi de Hand, dann will 'k di 't seggen.
(In die gegebene Hand wird gespuckt).

Buten hangt en Kann,
binnen wahnt en Mann,
de heet *Jan.*
De frett Koorn un Törf bi Frachten,
suppt Water bi Drachten,
hoolt van de Straat de Lü,
de dar gahn bi ganze Hopen.
Maakt se vergrellt,
nimmt hör dat Geld,
un lett se lopen.
(Rätsel. Antwort: Janever = Genever).

*Jan*evers Macht is groot.
He is de starkste *Jan,*
de eerst sien Slaav is,
kummt der neet weer van.
(Wortspiel zwischen *Jan*ever = Genever und dem Namen *Jan*
Evers).

Wo heetst du?
Dat weetst du.
Wo wieder?
Jan Snieder.
Stamm?
Adam.
(Scherzfrage).

Warum bruukt en duun Minske mehr Bott as 'n nöchtern
Minske? (Scherzfrage)

Antwort: Dree Mann bruken mehr Bott as een, denn *Jan* un
Evert sünd ja bi hum.
(Jan un Evert = Janever = Genever).

Jan un *Trientje*, de wullen wall trauen,
harrn kien Geld, um 'n Huuske to bauen,
bauen sük een van Pullen (Krügen),
kunnen se goot rullen.
Noch een Ühr (Stunde) un noch een Jahr,
do satt *Trientje* mit 't Kind bi 't Füür.
(Spottreim aus dem Rheiderland).

Ringelrangelrose;
Appel, Aprikose
Jan un *Trientje* blieven stahn
all annern sitten gahn!
(Kinderreim).

Jan! Kiek mal ut, is de Lucht ok klar?
– Ja, mien Heer! 't is düster!
Jan! Kiek mal ut, of 't regen will?
– Nee, Heer 't regent biester!
Jan! Kiek mal ut is de Döör ok to?
– Ja, Heer! De Döör steiht open!
Jan! Kiek mal ut, of dat Kalf al steiht?
– Nee, Heer! 't kann al lopen.

Jan, dreih um, *Jan*, dreih um!
Diertje liggt in 't Starven.
Wees nich dumm, wees nich dumm,
Gulden giff 't to arven.
→ *Anmerkungen*
All nagraad kummt *Jan* in 't Wams un *Greetje* in de Büx.
Wat *Jan* verbummfiedelt (verschwendet),
mutt *Geeske* besmachten (einsparen).
All mit de Tied, all mit de Tied,
dar köön ji driest up reken,

all mit de Tied kummt *Jan* in 't Wams
un *Greetje* in de Weken.
(Enno Hektor)

Jan un *Greetje*,
Geert un *Trientje* (Pärchen auf dem Eise),
't geiht der her
as bi 'n Lientje.
Kiek, de sünd van de Wolden her,
luren nich na Wind of Weer.
(Lied beim Schlittschuhlaufen).

Jan Puffert, *Jan* Pannkook,
Jan Eerdappeldeev,
hett de Wichter, hett de Wichter,
hett de Wichter so leev.

Jan-Mann is sien Wief entlopen.
Well sall hum de Bohnen koken?
Dat mag *Jan*-Mann sülven doon!
Gott geev hum 'n goden Mörgen:
Dor mag *Jan*-Mann sülvst för sörgen.

Jan spann an,
gah du vöran.

Jan, spann an,
dree Katten vöran,
dree Musen vörup,
Jan dubberudupp.
oder:
dree Musen vörut,
so fahrt *Jan* na sien Bruut.

Jan, spann an,
treck mien Peerd de Toom (Zügel) an!
Mörgen will wi na Remels fahrn,
halen uns 'n dicken Stuut (Brot),

Stuut as 'n Wagenrad,
dann heff wi de hele Week ok wat.

Jan, mien Mann, kumm du man an,
wi köönt uns woll helpen:
Ik will di de Büxen lappen (flicken),
du kannst för mi melken.
(Reim aus der Westermarsch/Norden um 1860).

Een, twee, dree,
veer, fief, seß, söven!
Jan in d' Büxen
wullt 't neet glöven!
Jan in d' Büxen
kreeg en Kind!
Dat sall heten:
Kiek in d' Wind!

Een, twee, dree, veer, fief, seß, söven,
Jan mit de beid' Benen wullt neet löven.
Jan mit de beid' Benen full in de Sloot.
Nu-is-*Jan*-mit-de-beid'-Benen-doot.
(Abzählreim).

Hoi, *Jan*, de bunte Koh -
Till up de Foot -
De Weg is goot -
De Weg, de geiht na Hauen
Dar schient dat Sünntje so warm.
→ *Anmerkungen*

Jan Otten sien Söhn,
satt up de Böhn.
De Böhn, de brook,
full mit de Neers in 't Botterfatt.
(Fragment eines Schaukelliedes).
Bum, bam, Beierloot,
well is der doot?

Jan Ocken
mit sien krumme Stocken.

Jan Wilken sien Söhn
satt boven up Böhn.
De Böhn, de braak,
full mit sien Neers in de Pepersack.
(Fragment eines Schaukelliedes).

Jan Toben is en Prahler,
Baas *Tom* is en Saler (Seiler),
bi *Harmke*-Möh gifft en slechten Pott,
Harm Toben löövt an heel keen Gott.
Suntke Uphoff mit Geneverpüll,
Gerd Mammen mit sien grote Jüll,
Kampen van de Insel,
Maler mit sien Pinsel,
Ornd (Arend) Ocken mit sien mager Peerd,
Hinnerk Ülk, de weer ok heel nix weert.
(Fragment eines Nachbarreimes aus Theene bei Georgsheil).

Jan Lüppert sien Foot,
de Weg is groot,
de Acker is lang,
denn fahrn wi na moi Hilgeland.
Dar wahnt de wille Kuckuck,
de röppt, de röppt:
Jan Buuskohlskopp,
Jan Eierdööl (Eidotter),
Jan Wittwittwitt,
wo de Hund up schitt:
Is dat 'n Zücker-*Jan*! (Schleckermaul).

Onder deze steen
leggen zeven broeders in 't gemeen,
zes heten er *Ewert* en dan,
was 'r de zevende, die heete *Jan*.

(Überlieferte niederländische Gravur auf einem Trinkglas in Emden. Wortspiel mit Jan und Ewert = Genever).

Jan in 't Hemd
auch: Pirrel in de Püüt = Mehlpüüt (Mehlkloß aus Weizenmehl, Hefe, Milch), der mit Beestmelk (der ersten dickflüssigen Milch einer Kuh nach dem Kalben) angesetzt wird.

Janna Hoppen lett sük neet foppen.

Ik un du un *Janneke*-Pu
gungen over de Eemse.
Ik in 't Schipp un du in 't Boot
un *Janneke*-Pu in d' Teemse (Milchsieb).
(Abzählreim).

Dat ruukt so moi na Mannlü, sä *Jantje*, as in de Kamer rookt wurr.

Jantje ett keen Strunken,
is nix as Huut un Bunken (Knochen).

Mit en Kluntje darbi, so dick un groot,
as de hele Marienhafener Toren,
sä *Jantje*-Möh, dann gah wi neet verloren.

Kaarn de Botter,
dicke Stücken,
sall wall glücken,
sall wall gahn.
Wennehr hett *Jantje*-Möh
't Karnen wall daan?
(Verse beim Karnen = Buttermachen).

Oll' *Jantje*-Möh wull Water halen,
di rudi ru, di rudi ru, dira!
dar achter bi de Pütte,
di rudi ru, di rudi ru, dira!
se harr 'n düchtig Gatt in de Büx,
di rudi ru, di rudi ru, dira!
(Rammlied aus Borkum).

Jüffer *Jitte* mit de holten Titte – Dove *Jitte* – Dumme *Jitte*.

Jodokus heetst du? sä de Buur,
'n *Jodokus* kann ik achter de Peer neet bruken.

Wenn de rechte *Joseph* kummt,
dann will *Maree* wall folgen.
(Wenn der richtige Bewerber kommt, wird er keinen Korb be-
kommen).

Kannst du blinne *Johst* nich sehn?

Proost, sä *Johst*,
do stook he de Nöös in de Kroos (Krug).

Johst, gah na de School to!
Moder, ik hebb keen Schoh.
Treck dien Vaders Klumpen an,
Johst gah man to!

Jüren kann küren (zielen)
over dusend Müren!

En Keerl as *Kasjen*
(ein tüchtiger, ganzer Mann).

He is 'n Keerl as *Kasjen*,
un *Kasjen* was 'n Keerl as 'n Pund Wust (ein Feigling).

Dat is 'n Keerl as *Kasjen*, hett Benen unner de Neers as 'n Ülk
(wie ein Iltis, d.h.: kurze Beine).

Dar ruuk an, as *Kasper* an de Suurkohl!
(Da hast du dein Fett! Das merk dir!).

Klar as *Kees* (Cornelius).

Klar was *Keesje*, harr se man 'n Mann.
(Kees[je] = Cornelius und auch: Cornelia; klar = fertig, heiratsfä-
hig).

He is 'n Keerl as *Klaas*,
un *Klaas* is 'n Keerl as 'n Scheet (ironisch, abfällig).

Klaas, stah up!
De Böhn herup.

Klaas (auch: *Jan*) Hackenkolt
(jemand, mit dem nichts anzustellen oder der nicht zu begei-
stern ist).

Bummel-*Klaas* un Bummel-*Trientje*, dat is en Spann (sie passen
gut zusammen).

Jammer-*Klaas*

Klaas-Hinnerk (Dummkopf).

Anner Lü sünd ok Lü, sä *Klaas* Steffens, do leevde he noch.

Höör Moder, wat slubbert (schlürft) uns *Klaas* in 't Latien, sä de
Vader, do satt de Jung achter de Döör un att Karmelksbree
(sagte ein leichtgläubiger Vater über die schulischen Fortschritte
seines Sohnes).

Klaas Kiewitt,
wor bliev ik?
In de Brummelbeistruuk! usw.
(Reigenlied).

Klaas Klunner, büst dat reinste Wunner.

Klaas, *Klaas* Klunner
full van 't Böhn herunner.
In sien Moders Regenfatt.
Oh, wat wurr *Klaas* Klunner natt!

Dag, *Klaas*!
– Dag, Baas!
– Wat hei ji lehrt?
– 't Weven.
– Wat sall 'k jo geven?
– Teihn Daler un de Köst.

73

- Dat geev 'k jo neet!
- Dann weev 'k ok neet!
- Dag, Baas!
- Dag, *Klaas*!

Up 't Eiland, Baas!
heten s' all mitnanner *Klaas*.
Klaas hest mien *Klaas* ok sehn?
Ja, *Klaas*, dien *Klaas* un mien *Klaas* sünd
mitnanner na *Klaas* Klasen sien *Klaas*.
→ *Anmerkungen*

Klaas, *Klaas*, Hundjemors!

Klaas Beyer leggt bloot Windeier.

Klaas up Klumpen, lett sük nich lumpen!

Klaas is düll, hett keen Benüll!

Glück moot 'n hebben, sä *Kriene* (Katharine),
do tredde he sük de Nadel, de he söchde, in d' Foot.

He word achterna düll as *Lammert* Jauken sien Katt.

He is so lang as *Laurenz* sien Ledder.

Sünig (sparsam) as *Liese* mit 't Regenwater.

Dat was 'n Irrtum, sä Vedder *Lorenz*,
do wull he 'n Pund Teback kopen un stohl 't.

Lott is doot,
Lott is doot,
Liesje liggt up 't Starven.
Dat is goot,
dat is goot,
nu köön wi noch wat arven.

Lübbientje, Lübbientje,
appelblössen (rosig wie eine Apfelblüte)
appelblössen Sülverdoorn,

Swientje, *Lübbientje* hett hör Schatt verloorn,
appelblössen Sülverjahn,
Sülverjahn in 't Runde.
Lübbientje, kehr di umme (Kinderreim).

Lücke, Lücke leevt noch,
Lottje liggt in 't Starven.
Dat 's man goot, dat 's man goot,
köönt wi noch wat arven.
oder:
Lück is doot, *Lück* is doot,
Lottje liggt in 't Starven.
Dat is goot, dat is goot,
köönt wi noch wat arven.

Lüder, Lüder, Lumpensteert,
is keen dree Swaren weert.

Lüke leevt noch (Aus einem Kinderspiel, bei dem die Kinder einen brennenden Strohhalm von Hand zu Hand reichen, begleitet von diesem Ausruf. Das Kind, in dessen Hand der Halm erlischt, muß ein Pfand hergeben).

Laat 't lopen, sä *Lütjen*, do pissde he in de Brook (Hose).

Lütmer sitt in de hoge Boom,
fahrt mit de Kuuts wall bit na Rom.

Dat stuukt sük, as *Luuks* (Lukas) sien Schermei (Schalmei).

Dat is een ut *Luuks*-Ohm sien Büdel
(wenn jemand tüchtig aufschneidet).

Hau in *Luuks* (Lukas), 't is Schaapbotter.

Wenn hier 'n Pott mit Bohnen steiht un dar mit Riesebree, dann laat ik Ries un Bohnen stahn un gah na mien *Maree*.

Moord! *Mareke*, 'n Pogg in 't Teeketel!

Dreih di *Margreet*, dat Kind will süsen (summen, leise singen; einschläfern).

Bums di *Margreet*! Buur, magst ok Kohfööt! (wenn jemand laut polternd auftritt oder etwas auf den Boden fällt).

Puhee, *Margreet*, wat is dien Hemd lang (zu einer Hochmütigen).

Margreten
deit seß Week heten
of seß Week geten.

Is *Margreet* natt,
füllt he seß Week dat Regenfatt.

Margreten Regen,
keen Segen.

De Röven will eten,
denk an *Margreten*!

Wenn 't regent up *Pißmargreet*,
dröögt 't seß Weken neet.

Is dat dröge an *Pißmargreet*
denn regent dat dartige Dage neet.
→ *Anmerkungen*

Marie, Marie Marutt,
löppt elke Dag mit Butt!
Un wenn se nix verkopen kann,
dann röppt se: Butt! Ok Butt!
Van de een, twee, drie,
mien Süster heet *Marie*;
hett en Jackje gekofft,
naar de Lummert (Pfandleihe) henbrocht.
→ *Anmerkungen*
Hopp *Marjantje*, hopp *Marjantje*,
laat jo Puppkes danzen:
Froher harr wi de Prüßen in 't Land
un nu de kahle Franzen.
(Kinderreim aus der Franzosenzeit).

Dar gahn wi hen, sä Mester *Markes* (Markus), do gung he alleen.

Marten kack to, dat Lücht brannt up de Steert (geht zu Ende).

Martje, mien Muuske, kaam in mien Huuske.

Martje, dat gode Kind, sitt up de Dele un spinnt.

Meike Flupp, dien Geld is up,
du kannst neet langer mehr blasen.
De Jungse lopen di de Dören in
un kieken di all in de Glasen!
(Altes [Volks]lied).

't is all in beste Örder, sä *Meinert*-Ohm,
do satt he bi de Suldaten in de Wacht.

He löppt mit *Meinert* (Wortspiel: er macht sich jedem gemein
oder auch: hat eine falsche Meinung).

He gifft 't up *Mewes* de Bicht.

Mientje, so root as Melk un Bloot.

Mimke van Nörden deit nüms mörden.

För all Gefahr, sä *Minste*, do bunn he sien Hund an,
de all dree Daag dood was.

He weet neet van Tempel of *Moses* (er weiß überhaupt nichts).

Dat is minner, sä *Moses*,
do stunn he un stürf (das ist nicht so schlimm, wie es aussieht).

He hett *Moses* un de Propheten (er hat viel Geld, ‚wie die Juden‘).

Moses trummelt up de Ketel (es donnert).

Strafe muß sein! sä *Muns* Poppen,
do ett he de Kinner de Botterbroden up.

Oll *Naatje* lett sük dat kötte Markstück weer lappen, un wenn
hum dat ok en hele Daler kösten sall.

He geiht mit *Nebukadnezar* up de Güüstweide (dürre, magere
Weide) (wenn jemand hinfällig oder klapperdürr aussieht).

Laat 't rieten, seggt *Ocke* (Laß es gewähren).

Dat kenn ik, seggt *Ocke* Tichler:
Verflöökte Jannever, maakt de Foten klook un de Kopp dumm.

Ockje mit 'n Lockje in 'n kunterbunt Rockje.

Vörsichtig, Swager *Oltmann*, is kien Richel (Geländer) bi d' Tree
(Steg über einen Graben)!

Ontje Kampen
lett een dampen,
lett een gahn,
dat hett *Ontje* Kampen daan.
(Spottreim aus Leer).

Dat was hum, sä *Ott*-Ohm, dar harr he de Rött bi de Steert.

He heet *Otte* (Otto), man 't is ok 'n Otte.

Ik will hum en Breef henfegen, de sall *Otte* heten.

Dar will ik een upsetten, de sall *Otte* heten!
[Otte bzw. Otto wird gern allgemein wie im Hochdt. gebraucht,
im Sinne von etwas (Ding), das durch besondere Größe usw. auf-
fällt].

Ottje geiht up 't Klottje (Fest, Gelage)
hett 'n heel nee Rockje.

Pauli Bekehr (P. Bekehrung = 25. Januar) gifft de Goos 't Ei her.

Paul klaar, goot Jahr,
Paul Regen, keen Segen.

Pauli Umkehr mit Sünnschien
brengt vööl Segen an Koorn un Wien.
(Bauern- und Wetterregeln).

Ut 'n Saulus is 'n *Paulus* worden.

He geiht der up dal, as *Paulus* up de Corinther.

Dröge *Peter* (einfältiger Mensch).

Plumps sä 't, do weer *Peter* Pater natt.

Peter Pater,
plumpst in 't Water,
sünner Kopp, sünner Steert,
nu raad mal, wat is dat för 'n Deert?
(Brunneneimer).

De olle Moder Griep
spöölt mit lüttje *Peter* Piep.
Lüttje *Peter* Piep seggt 'i'
do weer dat Spölen vörbi.
(Katze und Maus).

Peter-Verkehrt (Querkopf, Eigensinniger).

Peter-Verdreet (Griesgram).

Peter-Christian (Penis).

Loop an de Weerlücht (oder: Blixem), sä *Peter*,
do seet he up 't Peerd.

He löövt an 'n Gott, de *Peter* heet un Klumpen draggt (er ist ein
naiver Mensch).

't is nett so wrack (baufällig) as *Peter* Poppos (Poppens) Gemack
(Toilette).

Peter-Puske-Paske, fangt sük 'n lüttje Haaske.

Peter-Pater-Pinkenstick, sitt up 'n Pahl un wunnert sük!

Peter-*Paul*-Püster, wat is dat hier düster.

Peter Puul maakt de Hemdslipp fuul.

Ho-dann, ho-dann, *Peter*mann,
*Paul*mann wull nich swiegen,
denn weet wi woll 'n betern Rat,
wi wullen hum in 't Düütje (Wiege) kriegen.

Ho-dann, ho-dann, *Peter*mann,
*Paul*mann wull nich swiegen.
Do smiet wi 'n Plankje in de Sloot
un leten *Paul*mann drieven.

Ho-dann, ho-dann, *Peter*mann,
well piept dar in de Garste?
Dat doon de bunte Vögelkes,
de piepen, dat se barsten (zerspringen).

Dar kamen twee Suldatjes an,
een heet *Peter*, de anner *Jan*.
Weg *Peter*!
Weg *Jan*!
Dor kamen *Peter* un *Jan* weer an.
(Fingerspiel).

Ducker – dacker – duse,
wor wahnt *Peter* Kruse?
Achter in de Möhlenstraat,
wor de Backers Meisjes wahnt.
Backers Meisjes kaamt hierher,
mörgen is Kösters Kinnelbeer.
Krinthen ut de Sacken!
Pannkook willen wi backen
van dat allerbeste Mehl,
dat geiht lecker dör de Kehl.

Peter Piet
mit d' Scheer up de Siet,
kunn hum neet dragen,
smeet hum up d' Wagen.
Dar gung *Peter* Piet henjagen.

Amsterdam, du grote Stadt,
upgebaut up Pahlen.
Wenn du eenmal ummefallst,
well sall di betahlen?

Ik of du of *Peter* Piet,
Peter Piet mit d' Scheer up d' Siet,
de sall di betahlen.
(Abzählreim).

Sankt *Peter* (22. Februar) smitt 'n heten Steen in 't Water.

Früst 't an Sankt *Peter*, denn früst 't noch veerteihn Daag.

Peter un *Paul* (29. Juni) klar,
gifft 'n goot Jahr.
(Bauern- und Wetterregeln).

Peterke seet up de Back, bleev dröög un wurr nich natt.

Peterke, wat deist du dar?
Ik sitt hier moi un flecht mien Haar.

Petrus is an 't Holt ofladen; Stenen fahren; haut up de Trummel;
is an 't Kegeln; hett all Negen smeten; fahrt mit Törf na de Stadt
un smitt unnerwegens um; smitt de Tuffels in 't Fatt (es donnert).

‚*Pietje, Pietje* – Hollo,
wennehr wullt du fahren?'
‚Over söven Jahren!'
‚Söven Jahren düürt noch lang,
dann is *Pietje* – Hollo krank.'
→ *Anmerkungen*

Popp-Ohm hett Pien.

Dar sull man de Sweet bi kriegen, sä malle *Becke* (Rebecka), do
kreeg se wat Lüttjes.

Zu dienen! sä *Reint* Pupkes, do proot he düütsk!

Reint-Rient-Rieder, 't geiht alle Dage wieder.

Dat will 'n heten Dag worrn, sä *Revert*-Ohm, do stunn he um
Middag up un stappde in de hete Riesbreepott.

Ik bün nich ut 'n Kattkopp kropen, sä *Rika*-Möh.

Ik sloog nu reis (mal) tegen söven,
sä *Rolf* Smidt, man dar was kien een, de mehr Slage kreeg as ik.

Roosje van de Riede
spunn so fiene Siede.
Fiene Siede, geel kruus Haar.
Mörgen word et söven Jahr.
Söven Jahr in d' Runde,
Roosje dreih di umme.
Roosje harr sük wall bedocht,
harr hör binnerst buten brocht.
→ *Anmerkungen*

Vörsichtig, vörsichtig, sä *Rose*, do sull he mit de Ledder in de Straat.

't is 'n groten Unnerscheed tüschen König *Salomo* un Peter Hodemaker.

't mutt all sien Tied hebben, seggt *Salomo*, man 't Flohfangen mutt geschwind gahn!

Sette geiht vör *Sibbe*,
Sibbe geiht vör *Swette*
(altes Rechtssprichwort).

He starrt (glotzt) as *Siefke* up dat Potthaal (Kesselhaken im Kamin).

Hei ji 't al höört van *Siemen*-Ohm sien Peerd?
Veer witte Poten un en Kalversteert.

Stientje in Telten, hochbeend up Stelten (hochmütiges Mädchen).
Ik laat mi ok nich lumpen, wenn all de Wichter sük moi maken, sä *Taalke* Brau, do harr se up Paaskemörgen sük nee Stroh in de Holsken daan.

Tatje Jenen Adena sitt up 't Peerd un söcht derna.
Schlagfertige Antwort:
A: Lick mi in de Mors
B: Lehn mi dien Tung.

He weet neet van *Tees* (Matthäus) of *Mees* (Bartholomäus) (Er ist völlig ungebildet).

He suggt as *Thoms* sien Tittfohl (Saugfohlen) in 'n Emmer vull Melk.

De pöselt (schuftet) as *Tjark* Bakkers Esel.

Tomke-Titt, lett swart un witt.

He sett in de Tied, as *Tönjes* in 't Beden.

De hett 't achter de Ohren, sä *Tönjes*, as sien Bröör 'n Bruut harr.

Trientje, keen Swientje, is nüver (hübsch) un nett.

Trientje wull melken,
satt unner de Koh.
‚Wat nu denn?' reep *Trientje*.
‚De Titte sitt to!'

Neih hum (‚drauf los'), *Trientje*, is Damenwahl.

Stööt in d' Kring – Golden Ring,
Trientje drut – un *Jantje* drin.
(Schaukelreim aus Wymeer).

Trientje mit hör Botterteller
leep so laat bi de Straat.
Kiek, do kwamm Oll-Busebeller (Kobold, Kinderschreck),
speerte *Trientje* in de Keller!

Suddel-*Trientje*

Ude (Ule, auch Ure) un *Gaike*, dat Paar een Dübbeltje (alte Münze, ‚Groschen') (ruft bei einem älteren, gebrechlichen Ehepaar der Mann scherzhaft seiner Frau zu).

Dar spölen se al weer up de Straat, *Ule* un *Gaike* dörnanner (Mädchen und Jungen durcheinander).

Ulerk seet in d' Kokenkist! (sagte man, wenn jemand rülpste).

Ulerk (Ulrich) ropen – heißt: sich erbrechen.
z.B.: He hett *Ulerk* ropen; He röppt van *Ulerk*.
Die Redensart soll auf den heiligen Ulrich, Bischof von Augsburg († 973) zurückgehen, der nicht sehr mäßig im Essen und Trinken gewesen sein muß.

‚*Ulfert*‘ wird der Vollmond, aber auch die Sonne genannt.

Ulfert Unbehulpen (unbeholfener Mensch).

Ulfert Ungewusken (schmutziger Mensch).

Ulferts Kolle ist das Frösteln bei einem ‚Kater‘ (Katzenjammer).

Warntje, de *Warntje*, de pißt in de Karntje (Butterfaß).

Weert, wat büst du för 'n klook Deert.

Hund in Tau, Hund in Tau,
Oll' *Weert*-Ohm kummt un beiert gau.
(Beierreim aus Rysum; → *Anmerkungen*).

Weert Woltjes Wichter wullen wasken.
Wat wullen *Weert* Woltjes Wichter wasken?
Witt wullen Wams wullen *Weert* Woltjes Wichter wasken.
Wenn wat Water warm weer,
wullen *Weert* Woltjes Wichter witt wullen Wams wasken.
(Zungenbrecher).

't is Kinner Tied to Bedd,
Wessel-Ohm kummt mit de Sandpüüt.
(wenn kleine Kinder schläfrig werden).

Willem Beckmann mit sien Slirtjebruut
kriggt sien Kamm un Spegel rut.
Een, twee, dree!
He is al bold halfhunnert Jahr

un kriggt doch noch 'n Wief förwahr.
Een, twee, dree! usw.
(Tanzlied).

Rode *Wilhelmientje*
satt achter 't Gedientje.
Wat dä se dar?
Se kämmde hör Haar,
se wusk hör Handjes,
se dröögde se of.
(Ballspiel)
→ *Anmerkungen*

Well weet, wor *Willi* Weever wohnt?
Willi Weever wohnt wiet weg.
Well weet, wat *Willi* Weever weevt?
Willi Weever weevt witt Wull.
(Zungenbrecher).

Wilke will weten, wo du deist heten.

Willm an de Diek is 't all nett gliek.

't stuukt sük (staucht sich, mißlingt ihm), as *Willm* sien Weeg
sünner Unnerholten (Wiege ohne Untergestell).

In Gotts Naam, sä *Wobke*, do kreeg se 'n Kind.

Dat is düürkoop Brand (teurer Brennstoff), sä *Woltert*,
do legg' he de Viool (Geige) up 't Füür.

Wübbeltje un *Wobbeltje*
spölen mitnanner up Dobbeltje.
Wübbeltje de wunn,
Wobbeltje verlor sien Bunn (Garbe).
(Volksrätsel. Antwort: Spinnrad).

Anmerkungen

Namenreime. Die Verse eines unbekannten Verfassers erschienen erstmals 1890 im ‚Hannoverschen Courier'. Sie wurden mit geringen Abweichungen vielfach nachgedruckt, u.a. in Adolf Dunkmanns ‚Ostfriesisch-plattdeutschem Dichterbuch' (3. Auflage 1922, S. 119 ff.). Diese Fassung entspricht weitgehend der von Dunkmann. *Ergänzungen.* Die ersten 12 Zeilen von ‚H.H.' sind der Wilhelmshavener Rundschau v. 15.7.1961 entnommen.
Die letzten 10 Strophen fügte der Loppersumer Pastor E. von Ophuysen (1966) nach Durchsicht der Loppersumer Kirchenbücher hinzu. Er kommentierte: ‚mag jeder sich aussuchen, was hier ein Jungen- und was hier ein Mädchenname ist.'

Familiennamenreim. ‚nach einem Adreßbuch zusammengestellt', vermutlich von Friedrich Sundermann.

Antje, beed ... Die Aufforderung des ängstlichen Hausherrn gehört wohl zu einer weitverbreiteten Geschichte vom Speckdiebstahl.

Arend Gurkje (Ökelname), um 1900 ein bekannter Emder Delftspucker, bot auf dem Markt saure Gurken im Glas an. Für 10 Pfennig konnte man mit einer (stumpfen) Gabel dreimal nach den Gurken stechen. Wem es gelang, eine Gurke herauszuziehen, durfte sie behalten.

Ohm = Oheim. Anrede oder Zusatz zum Vornamen für ältere oder angesehene Männer, z.B. Gerd-Ohm, Jan-Ohm; oder wenn der Name Jan Geerdes ist: Jan-Ohm-Geers; entsprechend: Buur-Ohm, Mester-Ohm, Pastor-Ohm.

Möh = ‚Muhme'. Diese Bezeichnung wurde älteren Frauen ohne Unterschied des Standes beigegeben.

Beene van Ellen. Spottreim auf die Riepster, denen man nachsagte, daß sie bei der allwinterlichen Schilfernte (z.B. auf dem Uhlsmeer bei Groß-Midlum) auch Schafe der Anlieger mitgehen ließen.
*Beene van Ellen = Name eines Schafzüchters.

Onder deze steen. Überlieferte Gravur auf einem Trinkglas in Emden. Wortspiel mit Jan und Ewert = Genever.

Der hochdeutsche *Hans* ist in Ostfriesland ein wenig gebräuchlicher Name, er wird jedoch gern in abwertenden Verbindungen verwendet.

Man denke z.B. auch an:

Handje-Vörmei(h)er (Wer das erste Wort hat, den Ton angibt, sich voreilig und unberufen einmischt).

Handje steht wohl für Hansje, so daß die wörtliche Bedeutung ‚Hänschen-Vormäher' ist.

(Vergl.: Hannekemaaier = im Groningerland der frühere deutsche, vor allem westfälische Wanderarbeiter und Hausierer).

Hein, duuk di! = Ausruf in einem bekannten Pastorendööntje, s. van der Kooi/Schuster, Märchen und Schwänke aus Ostfriesland, Nr. 179).

Beierreime waren meistens zugleich auch Bumbam(Schaukel)-lieder zur Unterhaltung kleinerer Kinder.

Beiern ist eine besondere Art des Läutens zu bestimmten Anlässen (z. B. um die Bürger zusammenzurufen oder zu benachrichtigen). Der Klöppel wird mit der Hand an die unbewegte Glocke angeschlagen, in einem bestimmten Rhythmus (1, 2, 3 - 1, 2, 3 - 1, 2, 3, 4, 5, 6, 7).

Wenn de wahre Jakob kummt ...

Wenn der richtige Freier kommt, wird er auch erhört werden.

Jan war früher in Nordwestdeutschland der häufigste männliche Taufname. Die Schreibart Jan deutet auf Herkommen aus den Niederlanden und, daß der Träger den Reformierten angehört, die Schreibung Jann läßt vermuten, daß der Träger aus dem östlichen Ostfriesland kommt und Lutheraner ist. Mit Jan bezeichnete man gern einen dummen einfältigen Menschen; in älteren niederdeutschen Schauspielen war Jan im allgemeinen der Name des Tölpels. Jan van 't Moor war weniger ein wertfreier Name für den Moorhahntje (Moorkolonisten), sondern vielmehr für einen unkultivierten, rückständigen Menschen. Andererseits kannte man im Volksmund aber auch den ‚Mall-Jan', eine Art Eulenspiegel und seinen Gegenpol, den ‚Klook-Jan' und schließlich den ‚Blau-Jan' als losen Galgenvogel.

Blau-Jan, Jan-Fink und Jan Rüst sind aber auch Namen für den Teufel. Das weibliche Gegenstück zu Jan ist Greetje.

Die Namen Jan und Hinnerk, zuweilen auch Gerd, gab man im 19. Jahrhundert gern Gesprächspartnern in fiktiven politischen Streitgesprächen.

Mall-Jan (auch wohl: Jan-Hinnerk) nennt man auch das meistens ornamental verzierte Giebelzeichen am hölzernen Firstdreieck eines Bauernhauses, wie es in Ostfriesland, vor allem auf der Geest, noch heute zu finden ist.

Ballhorn, ein um 1550 in Lübeck (nach anderen Quellen: Soest) lebender Drucker soll einem Hahn auf der letzten Seite einer Fibel Eier untergelegt und hinzugefügt haben: Vermehrt und verbessert durch J.B.

Janmann satt up de Schösteen. Daler = Taler, hier skatologisch = Möse

Hochmoot, Hochmoot …
Ein von einem Prediger früherer Zeit aus Hollen überlieferter Ausspruch, der zum geflügelten Wort wurde.

Jan, dreih um … Volksreim, Shanty beim Aufziehen der Segel.

Hoi, Jan, de bunte Koh. Volksreim.
Hoi = Ruf beim Viehtreiben.
Der Wettergott (Jan-Mann = Donar?) treibt im (Gewitter)sturm die bunten Wolken vor sich her.

Up 't Eiland, Baas! … Vergl.: Fritz Reuter, De Tigerjagd: Up Fischland is 't en wohren Spaß, dor heiten s' alltausamen ‚Klaas‘ usw.

Margreet. Sechs Wetterregeln zum Margaretentag (13. Juli), auch: Margreten(dag), Margreet, oder: Pißmargreet und Margreet-piß-in 't-Hei genannt. In Norden rief man sich früher am Margretentag zu: ‚Wenn 't Ollske sük vandaag man dichthollt!‘

Van de een, twee, drie. Kinderreim aus Emden mit ndl. Einschlag.

Pietje, Pietje – Hollo wird dem Schornsteinfeger nachgerufen. Ausführl. Erklärung bei: Lüpkes, Heimatklänge S. 69/70.

Roosje van de Riede
Reigenspiel. Die Spielenden reichen einander die Hände und bilden einen Kreis. Beim Singen der Zeile ‚Roosje dreih di umme‘, wird stets ein anderes Kind genannt und muß sich umdrehen. Haben sich alle Kinder umgedreht, beginnt das Spiel von neuem.

Nam(en)mall nennt man jemanden, der Wert darauf legt, daß (s)ein Kind nach ihm benannt wird bzw. der eine Vorliebe für die nach ihm benannten Kinder hat.
De Olle is so namenmall, dat he verdretelk wurr, as se dat Kind neet na hum benöömt harrn.

Literatur
Quellen in Auswahl

Anonym (vermutl. Sundermann, Friedrich): Alliteration im ostfriesischen Volksmunde , in: Der Upstalsboom. Ostfries. Kalender 1887, S. 31–38

Blikslager, Georg: Stimmen der Heimat. Norden: 1928

Blikslager, Georg: Ut unse Kinnertied. Emden: 1913

Buurman, Otto: Hochdeutsch-Plattdeutsches Wörterbuch. Bd. 1–12. Neumünster: Wachholtz 1962–1975

Dieken, Jan van: Pflanzen im ostfriesischen Volksglauben und Brauchtum (Abhdlg. u. Vortr. z. Gesch. Ostfrieslands Bd. 52). Aurich: 1971

ten Doornkaat-Koolman, J.: Wörterbuch der ostfriesischen Sprache I/III. Norden: 1879–1884

Dunkmann, Adolf (Hg.): Ostfriesisch-plattdeutsches Dichterbuch. Nachdr. d. 3. Aufl. Aurich 1922. Leer: Schuster 1975

Eichwald, Karl (d.i.: Tannen, Karl): Niederdeutsche Sprichwörter und Redensarten. Bremen: 1868

Esk, Johann: Lieder, Spiele und Volksrätsel aus Ostfriesland in: Niedersachsen, 12. Jg. 1906, Nr. 6, S. 104–106

Frerichs, Friedrich Georg Albrecht: Beiträge zur Geschichte und Volkskunde des Dorfes Nortmoor (Manuskript)

Hektor, Enno: Harm Düllwuttel un all wat mehr is. Nachdr. d. Ausg. Emden 1906. Leer: Schuster 1972

Hibben, Carl Julius: Ostfriesland, wie es denkt und spricht. Nachdr. d. Ausg. Aurich 1919 m.e. Nachtrag v. 1922. Leer: Schuster 1974

Israels, Louis Victor: Wat de Kiewit sprook. Döntjes un Rimels on ostfrys' Plattdütsch. Oldenburg 1889

Janssen-Noort, Rieks: Ik will di wat vertellen … in: Ostfreesland Kalender 1979, S. 111–113

Janssen-Noort, Rieks: Verklingende Volksreime in: Unser Ostfriesland (Heimatbeil. d. Ostfriesen-Zeitung), 2/68

Kalender für den Landkreis Emden 1910

Kern, W.G./Willms, W.: Ostfriesland, wie es denkt und spricht. Nachdr. d. 3. Aufl. Norden 1876. Vaduz: Sändig 1970

Lüpkes, Wiard: Ostfriesische Volkskunde. Nachdr. d. 2. durchges. u. erw. Aufl. Emden 1925. Leer: Schuster 1972

Lüpkes, Wiard: Seemannssprüche. Sprichwörter und sprichwörtliche Redensarten über das Seewesen, Schiffer- und Fischerleben in den germanischen und romanischen Sprachen. Berlin 1900

Lüpkes, Wiard: Witz und Humor im ostfriesischen Beispielsprichwort. Ostfreesland-Kalender 1919, S. 92−95, ibd., 1920, S. 61−64

Meier, Hermann: Zur ostfriesischen Neck und Spottlust, in: Globus Bd. 26. 1874, S. 88-91, 107−110. Braunschweig: 1874

Meier, Hermann: Ostfriesland in Bildern und Skizzen ... Nachdr. d. Ausg. Leer 1868. Leer: Schuster 1979.

Ohling, Gerhard (Bearb.): Ostfriesland wie es denkt und spricht (N. d. erw. Ausg. v. C. J. Hibben in 5. Aufl. neu bearb. v. G.O.) Aurich 1938.

Sammlung ostfriesischer Sprichwörter. 2. Aufl. Emden: o. J. (ca. 1895)

Siebs, Benno Eide: Die Norderneyer. Nachdr. d. Ausg. 1930. Leer: Schuster 1973

Siebs, Benno Eide (Hg.): Das Rheiderland. Beiträge zur Heimatkunde des Altkreises Weener. Nachdr. d. Ausg. Kiel 1930. Leer: Schuster 1974

Smidt, Peter: Ostfriesische Neckreime im Kindermund, in: Ostfreesland Kalender 1943, S. 58−60

Stürenberg, Cirk Heinrich: Ostfriesisches Wörterbuch. Nachdr. d. Ausg. Aurich 1857. Leer: Schuster 1972

Sundermann/Freese (Hg.): Der Upstalsboom. Ostfriesischer Kalender auf das Gemeinjahr 1888, 3. Jg. Norden: 1887

Upstalsboom Blätter f. ostfriesische Geschichte u. Heimatkunde 1.−13. Jg. (Der 12. Jg. 1924/1925 erschien als Zeitungsteil u. d. Titel »Alt-Emden«) Emden: 1911−1927

Wildvang, Dodo: Das Alluvium zwischen der Ley und der nördl. Dollartküste. Upleward: Selbstverlag (1915)

Ostfriesische Namen

Ebeling, Rudolf A.: Familiennamen im Landkreis Leer um 1940. Teil I
Namenverzeichnis, Teil II Namenlandschaft
Groningen, Aurich: Stichting Sasland, Ostfriesische Landschaft, Kommissionsverlag: Schuster 1979 bzw. 1984.

Gebt gute ostfriesische Vornamen!
Aurich: Ostfriesische Landschaft 1956

Raveling, Irma: Die ostfriesischen Vornamen.
Herkunft, Bedeutung, Verbreitung
3. neugestaltete Auflage Aurich: Ostfriesische Landschaft 1988 (s.a. das dort
abgedruckte Literaturverzeichnis: S. 103).

Zahrenhusen, Hinrich: Ostfriesische Vornamen
Nachdr. d. Ausg. Aurich 1939
Vaduz: Sändig 1984

Deutsche Namen

Bahlow, Hans: Deutsches Namenlexikon
Familien- und Vornamen nach Ursprung und Sinn erklärt.
(Suhrkamp Tb. 65) Frankfurt: Suhrkamp o. J.

Drosdowski, Günther: Lexikon der Vornamen
Herkunft, Bedeutung und Gebrauch von mehreren tausend Vornamen
(Duden-Tb. 4)
2. neubearb. u. erw. Aufl., Mannheim: Bibliogr. Institut 1974

Herrle, Theo (Hg.): Reclams Namenbuch (RUB 7399)
Stuttgart: Reclam 1987

Wasserzieher, Ernst (Bearb. Melchers, Paul): Hans und Grete.
2500 Vornamen erklärt. 19. durchges. Aufl. Bonn: Dümmler 1979

Die Schreibung der niederdeutschen Texte erfolgte weitgehend nach den
»Regeln für die plattdeutsche Rechtschreibung vom 11.2.1956«, die auch
dem in unserem Verlag erschienenen Wörterbuch zugrundeliegen:
Lindow, Wolfgang, Plattdeutsch-hochdeutsches Wörterbuch, 4. Auflage
1993.

Literatur zur nordwestdeutschen Geschichte

Fridrich Arends, Ostfriesland und Jever in geographischer, statistischer und besonders landwirtschaftl. Hinsicht.
Nachdruck der Ausgabe Emden 1818 bis 1820
Gesamtausgabe Bd. I–III, Linson geb.

Walter Deeters, Kleine Geschichte Ostfrieslands
108 Seiten, Efalin kart.

Johann Conrad Freese, Ostfrieß- und Harlingerland nach geograph., topographischen, physischen... Verhältnissen
Nachdruck d. Ausgabe Aurich 1796

Gerhard Anton von Halem, Geschichte des Herzogthums Oldenburg (in 3 Bänden)
Nachdruck d. Ausgabe Oldenburg 1794–1796
zus. 1737 Seiten, Linson geb.

J.G. Hoche, Reise durch Osnabrück und Niedermünster in das Saterland, Ostfriesland und Gröningen
Nachdruck d. Ausgabe Bremen 1800
532 Seiten, Linson geb.

T.X.H. Pantcheff, Der Henker vom Emsland
Dokumentation einer Barbarei am Ende des Krieges 1945
244 Seiten, Efalin kart.

H.F.W. Perizonius, Geschichte Ostfrieslands in 4 Bänden
Nachdruck d. Ausgabe Weener 1868–1869
zus. 1486 Seiten, Linson geb.

Menno Peters, Chronik von Ostfriesland mit besonderer Beziehung auf Jemgum
Nachdruck d. Ausgabe Hannover 1853
148 Seiten, Snolin kart.

Dieter Simon, Das Kriegsende 1945 in Leer
80 Seiten mit 54 Fotografien, Efalin kart.

Tilemann Dothias Wiarda, Ostfriesische Geschichte (11 Bde.)
Nachdruck d. Ausgabe 1797–1817
ca. 5500 Seiten, Leinen mit Goldprägung

Verlag SCHUSTER Leer